英語を話せる人 勉強しても話せない人 たった1つの違い

光藤京子
Kyoko Mitsufuji

青春出版社

こういうこと、
ありませんか？

いえ、どちらも違います。
では どうすれば いいのでしょう？

知っている単語
勉強して覚えたフレーズを
実践で使えるようになる
すぐに役立つノウハウを学んで
いきましょう！

英語を話せる人 勉強しても話せない人 たった1つの違い
もくじ

Prologue

日本人は、なぜ「話す力」が弱いのか?

「4つの力」のどこにネックがある? ———————————— 12

フリーズの構図 ———————————————————— 15

📋 セルフチェック ———————————————————— 18

コラム① 母語はなぜスラスラと話せるのか? ———————— 22

Chapter 1

取り出す力

キリンは英語で何と言う? ————————————————— 24

言葉が記憶される仕組み ————————————————— 26

毎日英語を使う人はここが違う! ————————————— 29

エクササイズ1 「クイックレスポンス・エクササイズ」 ———— 32

エクササイズ2 「何でも英語にしてみる! エクササイズ」—— 34

集中力強化で記憶力をアップ! ————————————— 35

エクササイズ3 「リプロダクション・エクササイズ」 ————— 39

エクササイズ4 「サマライゼーション・エクササイズ」———— 41

楽しく効果的に単語を覚える方法 ————————————— 42

コラム② 帰国子女はバイリンガルか? ———————————— 46

Chapter 2

組み立てる力

意外にも(!)会話に重要な文法 ————————————— 48

日常会話はとてもシンプル! ———————————————— 52

「Can I 英語」の勧め ——————————————————— 54

丸ごと覚える!「1フレーズ暗記法」 ————————————— 58

エクササイズ5	「さっと英訳！エクササイズ」	59
エクササイズ6	「やることリスト・(Things-to-do List)エクササイズ」	64
エクササイズ7	「1フレーズ・エクササイズ」	65

意味でつなぐ！「2フレーズ構築法」 66

| エクササイズ8 | 「2フレーズ・エクササイズ」 | 72 |
| エクササイズ9 | 「ストーリーテリング・エクササイズ」 | 76 |

「状況判断力」と「先を読む力」 78

| コラム③ | 英語はネイティブ・スピーカーから習うのがベストか？ | 80 |

Chapter 3

発話する力

スムーズな発話を阻む原因は2つある！ 82

発音攻略① 「喉元で話す日本語」vs.「お腹で話す英語」 85

発音攻略② 「ぼんやりした子音」からの脱却 88

発音攻略③ 「曖昧な母音」からの脱却 92

発音攻略④ 「日本語的リズム」からの脱却 96

発音攻略⑤ 話すときはリラックスして、力まずに!! 99

| エクササイズ10 | 「母音をはっきり！エクササイズ」 | 100 |
| エクササイズ11 | 「リズムでメリハリ！エクササイズ」 | 101 |

心理的要因① 英語に不利？　日本人の謙虚さ 102

心理的要因② 他人を気にすることが英語下手を招く 104

心理的バリアを取り除く方法 106

| コラム④ | 英語は早く始めるほどよいのか？ | 108 |

Chapter 4

対応する力

会話の要は「対応する力」 110

対応する力を高めるコツ① 相手の話題に興味を示す！ 112

相槌を打つ 113

共感を示す 114

目つきや表情、態度で表す ──────────── 116

エクササイズ12 「ショートリアクション・エクササイズ」 ── 117

対応する力を高めるコツ② 会話の主導権を奪い返す ──── 122

対応する力を高めるコツ③ わからないときは、わからないと伝える！ ── 124

対応する力を高めるコツ④ 反対意見を言うにはちょっとした工夫を！ ── 126

エクササイズ13 「模擬ディベート・エクササイズ」 ──── 129

対応する力を高めるコツ⑤ 情報収集と人間観察が役に立つ ── 134

対応する力を高めるコツ⑥ 不利なときは会話の流れを変える ── 139

エクササイズ14 「チェンジ＆ナビゲート・エクササイズ」 ── 144

コラム⑤ 「英語は翻訳するな！」は正しいか？ ──── 150

Epilogue

報われる人になる「10のアドバイス」

- 表現力増強には、動詞プラスアルファを覚えよう ──── 152
- 「書くように話す」のもひとつの方法 ──────── 155
- リスニングは「話す力」を助ける ──────────── 158
- 発音をやり直すにはフォニックスがよい ─────── 161
- シャドーイングはすべての万能薬 ──────────── 164
- 英語コミュニケーションには想像力が大切 ───── 167
- 英語学習を戦略的にマネジメントする ───────── 170
- 続けるコツは、自分の性格を見極めること ───── 173
  - ★コツコツ努力型／★短期決戦型／★理屈納得型／
  - ★のんびりマイペース型／★楽しく切磋琢磨型
- 好きなテーマでオリジナルシラバスを！ ─────── 176
- 英語はスポーツのように学べ！ ──────────── 179

カバーイラスト●カモ
本文イラスト●なかきはらあきこ
本文デザイン●二ノ宮匡

Prologue

日本人は、なぜ「話す力」が弱いのか？

「４つの力」のどこに ネックがある？

　著者は過去20年以上、大学で英語を教えた経験があります。通訳・翻訳などの実務においても、英語とは長く深い関わりを持ってきました。その中で気づいた、ある重要なこと —— それは「英検やTOEICなどの試験で測れる総合的な英語力」と「英語の運用能力（すなわち話す力）」は、必ずしも一致しないということです。

　ひとつの例として、大学の先生を挙げます。ネイティブ・スピーカーが感服するほど立派な英語で論文を書くことができるのに、なぜか話すのは苦手——だから外国人との接触を避ける日本人の先生は少なくありません。この落差を知る外国人の先生たちは、「とても不思議で、不可解な現象」と驚いています。

　私も日本人のひとりとして長い間英語を勉強してきたので、その理由がわからないわけではありません。日本人が英語を話すことには、様々な理由から、論文を書くより難しい一面があるからです。

　大学の先生だけではありません。TOEICが900点以上でも日常会話が不得意な人は結構います。有名大学を出ても、英語が話せるとは限りません。まったく話せないということではなくても、他の英語の技能「読む」「聞く」「書く」に比べ、「話す力」が弱いと感じている人は大勢います。その原因はいったい何なのでしょうか。

　日常会話を話すための語彙やフレーズが不足しているからでしょうか。確かにそれもあるかもしれません。受験校ほど入試用のレベルが高い英語が導入され、日常会話の練習に時間を割く余裕がない

とも聞いています。しかし、必ずしもそれだけでは説明できない部分もあります。

　一般的には、英単語2000 〜 3000語くらいを習得していれば、日常会話は十分だと言われています。ほとんどの日本人は少なくとも中高６年間は英語を勉強しているので、その数はクリアしています。少なくとも語彙に関しては十分なのです。

　話を少しわかりやすくするために、ここで３人の方に登場してもらいましょう。A子さん、Ｂ男さん、Ｃ子さんです。

　A子さんは外資系の会社に勤務。小さい頃から英語が大好きで、英語の学習が苦であると思ったことは一度もありません。留学も経験し、仕事でもプライベートでも英語を使い、もっともっと英語が上手くなりたいと日々努力しています。

　Ｂ男さんは典型的なサラリーマンの営業職。海外出張や外国人の顧客を相手にすることもありますが、英語は苦労しながらもまぁなんとか……という感じです。でも、日常会話は苦手。気の利いた語彙やフレーズがなかなか口から出てこないと感じる日々です。

　Ｃ子さんは子供の頃から英語が好き。大学時代も英語を熱心に勉強していました。でも、卒業後は仕事でもプライベートでもほとんど英語を使う機会はありません。ひさびさに英語を使おうとしたら、口から英語がまったく出ないことにショックを受けました。

　みなさんの中には、自分はＢ男さんやＣ子さんに似ている？と思った方が多いかもしれませんね。

日本人は、なぜ「話す力」が弱いのか？　　Prologue　　13

いったいどうして英語が話せないのでしょうか。どうして同じ日本人でも、Ａ子さんのように「話せる人」と、Ｂ男さんやＣ子さんのように「一生懸命勉強しても話せない人」がいるのでしょうか。

　この問題は長い間、専門家のあいだで議論されてきました。しかし、未だに画期的な解決策は見出されていません。

　本書では、従来と少し違う視点でこの問題を取り扱います。まず、著者の基本的な考え方は次のとおりです。

　日本人の中でも、とくに話す力が弱い人は、ある重要な能力が欠けています。それは「さっと反応する力」です。「話せないからさっと反応できない」のではなく、「さっと反応できないから話せない」のです。

　つまり、誰でも「英語を話せる潜在能力」は持っているということ。その潜在能力を阻む要因は複雑で、ひとことでは表せません。個人差もありますが、本書はあえてそれらの要因を分析し、対処法を考えることに挑戦してみました。

　読者のみなさんが、多大なる興味と少々の忍耐をもって本書にお付き合いくだされば、自分に合った解決策を必ずや発見できると信じています！

フリーズの構図

　みなさんは「フリーズ（**freeze**）」という言葉をご存知ですか？外国映画の中で警官が犯人や容疑者に銃を突き付けてよく言っていますが、この場合は「手を挙げろ、止まれ」という意味。要は、何かが原因で凍り付いたように動けなくなること。

「話したいのに、英語がさっと出てこない」──これは一種のフリーズが起こっているのです。それを解決するにはどうしたらよいのか。本書で一緒に考えていきましょう。

　その前に、ある科学的な事実を確認しておきます。言語は母語であろうと外国語であろうと、脳のある部分で処理されています。そのある部分は、専門用語ではワーキングメモリーと呼ばれています。

　脳の中で起こっていることは複雑で、まだまだ解明されていないことがたくさんあります。いずれにしても、我々は脳に蓄積された膨大な記憶のデータを使って言語を理解したり、話したりすることができるのです（最近開発が目覚ましい人工知能も、この原理を利用しています）。このことをまず覚えておいてください。

　そこで著者は、人が何かを話そうとする意思を持ったとき、それを体現するまでにどのようなプロセスを経るのかについて少し考えてみました。おそらく私たちの脳の中では、次ページの図のような作業が段階的に行われています。

日本人は、なぜ「話す力」が弱いのか？　　Prologue

図 私たちの脳の中で起こっていること──「4つの力」

脳の中の膨大な記憶データ

必要な語彙やフレーズを取り出す

取り出す力

文法や知識を使って文や文章を組み立てる

組み立てる力

組み立てた文や文章を口に出し、相手に伝える

発話する力

相手の反応に応じて、その都度対応していく

対応する力

詳しくはChapter 1以降にご説明しますが、英語を話すためには、図の中の「取り出す力」「組み立てる力」「発話する力」「対応する力」の4つの力が鍵を握っているのではないか、と著者は考えます。

　これらがすべてそろったとき、「話す力」は最強のものとなるのです。

　英語が話せない人は、これら4つの力のどれかに、またはいくつかに、またはすべての力において問題があるのではないでしょうか。

　一方、日本語と英語のバイリンガル、通訳者、英語を話すことが得意な日本人の場合は、そのようなフリーズが起こりにくく、4つの力がそうでない人に比べて優れているのです。

　そうであるならば、さっそく4つの力を強化する方法へいざ！──といきたいところですが、その前にひとつだけやっていただきたいことがあります。

　ご自分の英語の弱点、「話す力」の中でどのあたりが弱いかを知るために、次ページの簡単なセルフチェックを行ってみましょう。

セルフチェック

　それでは、自分で簡単にできるチェックをやっていただきます。次のチェックリストの当てはまる項目に✓を入れてください。その後、各項目の点数をレーダーチャートに書き入れてみましょう。

A　日常会話で使う単語や基本フレーズについて

☐ ほとんどの単語や基本フレーズは、すぐに思い出せる。
☐ すべてとは言えないが、だいたいは思い出せる。
☐ たぶん半分くらいしか思い出せない。
☐ ほとんど思い出せない。
（＊基本フレーズとは、**Good morning!/That's amazing!/Can I ask you a question?** など、日常で使われる簡単な句やセンテンスのこと）

B　日常会話で使う文や（2文以上の）文章の組み立てについて

☐ 必要に応じて即、文や文章を作って話せる。
☐ 簡単な文や文章なら、さほど時間がかからず作って話せる。
☐ 簡単な文や文章なら作れないことはないが、かなり時間がかかる。
☐ 簡単な文や文章もまったく作ることができない。

C　英語を話すときの発音について

☐ 発音にはかなり自信がある。
☐ 発音はそんなに自信があるわけではないがほとんどは通じる。

□ 発音が悪く、たまに通じないことがある。
□ 発音にはまったく自信がない。

D 英語を話すときの周りの人の存在について

□ 周りの人はまったく気にならない。
□ 上手な人が一緒だと少し緊張する。
□ 上手な人が一緒だと萎縮して話せない。
□ 他人は気にはならないが、まったく話せない。

E 外国人を相手に話すときの反応について

□ どのような場合でも、わりとすぐに反応できる。
□ ほとんどの場合、わりとすぐに反応できる。
□ すぐに反応できないことが圧倒的に多い。
□ まったく反応できない。

F 外国人との会話で、(話題を変えるなど)流れを変えたいと思ったときの対応について

□ すぐに話の流れを変えられる。
□ 工夫して話の流れを変えられることが多い。
□ どう流れを変えてよいかわからないことが多い。
□ 流れを変えるべきなのかどうかも判断できない。

＊チェックし終わったら、各項目（A〜F）について、一番上の□は4点、一番下の□は1点。その間は3点、2点と点数をつけ、次ページのレーダーチャートに書き入れ、最後に各点を結んでください。

レーダーチャートで自己診断！

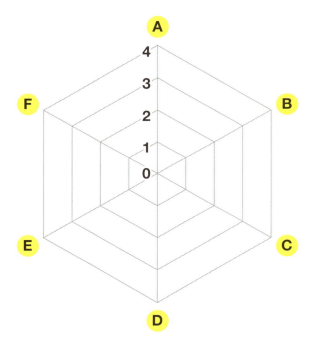

　いかがでしたか？　各項目の点数がすべてレーダーチャートの中心部に集まってしまった方は、どうぞがっかりしないでくださいね。その方はとくにラッキーです。本書でこれから解説することがすべてお役に立つからです。

　また、一部の項目が他の項目より低い方（チャートがいびつになってしまった方）の場合も、本書はお役に立てると思います。そのような方は、とくに自分に当てはまるChapterを中心にお読みください。（ただし、4つのChapterは密接に関連しているので、できれば最初から最後までお読みいただくことをお勧めします）

さて、このようなセルフチェックをやっていただいたのには、実は訳があります。

　これは著者の個人的な意見ですが、日本人は自己分析があまり得意ではないように思います。「だめだった……」「もう少し勉強していれば……」などの後悔はあっても、なぜいけなかったのかを客観的に見つめ、冷静に分析することは得意ではありません。

　少し厳しい言い方をすると、著者の考えはこうです。

　自分自身を、客観的に、冷静に見つめることができない人は、英語が思うように上達しない──これを逆手にとると、冷静に客観的な目で自己分析ができる人は、英語が上達する可能性が高くなるとも言えます。

　本書の核となる考え方は、できるだけ客観的に、より具体的に、従来の英語学習を捉え直すことです。また、簡単なエクササイズを通して楽しみながら勉強することも本書の目的のひとつです。

　Prologue を通じて、読者のみなさんの本書への興味がますます高まったことを期待します。では、これからご一緒に楽しく勉強していきましょう。

コラム①
母語はなぜスラスラと話せるのか？

「あたり前のことを言わないでくれ！」という読者の声が聞こえてきそうです。

みなさんは普段、どうして自分が日本語なら苦も無く話せるのか、真剣に考えたことがありますか？　ほとんど考えずに日本語がスラスラ口から出てくるのは……いったいなぜなのでしょうか。

それはみなさんがまだ言葉を話せなかった、赤ちゃんの頃にヒントがあります。

参考までに、Rちゃんという1歳児の例を出しましょう。1歳といえばそろそろ単語を話し始める頃です。Rちゃんはそれまで意味のある言葉をほとんど発していませんでしたが、ある日突然、家にあるプランターの葉を見て「ハッパ」と言い始めました。それからしばらく、葉っぱらしきものを見つけると「ハッパ、ハッパ」と連呼するようになったのです。

なぜ最初の言葉が「ハッパ」だったのでしょうか。「あ」という母音が破裂音の[p]と組み合わさって発音しやすいこと、毎日両親が読み聞かせていた童話の『はらぺこあおむし』（原作：エリック・カール）が刺激となった可能性もあります。Rちゃんはたくさんある絵本の中で、腹ぺこの青虫くんが登場するこの絵本をとくに気に入っていたのでしょう。

とにもかくにも、その出来事はRちゃんの中で言葉と物が一致する（実際はもっと早く一致していたのかもしれませんが、言葉として発する）初めての経験でした。以後、Rちゃんの語彙は日に日に増え、2歳になった今ではかなりの語彙を習得し、文単位で話すことができます。

誰しも多かれ少なかれこのような体験を通じ、5歳くらいまでに母語での日常会話はほとんどマスターすると言われています。これは考えてみればすごいことではないでしょうか。外国語は6年以上やってもなかなか上手に話せるところまでいかないのに、母語では5歳の幼稚園児が問題なくコミュニケーションできてしまうのですから。

このように、あまり深く考えずとも人が言語を自由に操れるということを、言語の分野では「自動化」と呼んでいます。残念ながら、外国語ではこの「自動化」が行われにくいため、習得が遅くなるのです。

Chapter 1

取り出す力

Prologue では、主にフリーズの構図についてお話ししました。Chapter 1では、英語をさっと口から出すための最初の能力「取り出す力」に焦点を当て、その特徴とうまくいかない方への対策についてお話しします。

キリンは英語で何と言う？

　突然ですが、みなさんは「キリンを英語で何と言いますか？」と聞かれ、とっさに答えることができますか？

　少し時間を置いて giraffe という単語を思い出せても、スペルや発音はどうだったろう？と思われる方も多いのではないでしょうか。（そういう私も、この原稿を書いている最中に最後の e を忘れ、慌てて付け加えました！）

　2才になった R ちゃんの例を出します（コラム①で「ハッパの R ちゃん」として登場した子です）。R ちゃんは現在、日本語と英語のバイリンガル保育園に通っており、動物、果物など簡単なものはすべて両言語で言うことができます。「キリンは英語で何？」と聞くと、すぐに giraffe（かなり正確な発音で！）と返ってくるほどです。

　キリン（または giraffe）という単語は、動物の名前のひとつとして我々の脳に記憶されています。それだけでなく、長い首や斑点のある大きな体、草原で平和に暮らす優しいイメージも一緒に記憶されています。

　でも大人になると、キリンの存在は赤ちゃんや子供ほど身近ではなくなります。日本語の「キリン」を忘れることは絶対ないにしても、英語で何と言うかなど、完全に忘れていてもまったく不思議はありません。（もしかすると、習った覚えすらない人もいるかもしれませんね……）

キリン＝ **giraffe** と即答できた人は、かなりの動物好きか、比較的若い頃に **giraffe** が主人公の童話を読んだとか、そのような方が多いのではないでしょうか。

ただ、みなさんはこう言うかもしれませんね。**giraffe** なんて思い出せなくてもいいさ！　大人の日常会話はもちろん、仕事で出てくることなどありえないし……。はたしてそうでしょうか。

こんな例があります。会社員のＳさんが海外本社から来日した社長と話をしていたときのことです。突然、社長が先月訪れたアフリカ旅行について話し始めました。社長は現地で見た **giraffe** について楽しそうに語ります。Ｓさんは「**giraffe** って何だっけ？」としばらく思い出せないまま、社長の話を聞くことになりました。

時間が少し経って「そうだ、キリンだ！」とようやく思い出しましたが、あのときは内心ひやりとしたとＳさんは後日反省しています。そういえば、先日Ｓさんの幼稚園に通う次男が英語の動物カードで遊んでいましたっけ。あのとき一緒に遊んでやっていれば……。そのことを後悔するＳさんなのでした。

言葉が記憶される仕組み

　ここで少し、言語と記憶の話をします。記憶力には、「情報を記憶する力」「記憶した情報を保持しておく力」「記憶した情報を思い出す力」の３つがあると言われています。「あー、どれも弱いかも……」というため息が聞こえてきそうですね。

　ここでいう記憶とは、我々の脳の、ある部分に蓄積された情報のことです。記憶には、語彙や文法などの言語情報のほかに、視聴覚や嗅覚などの五感を通じて得た感覚や、個人的な体験も含まれます。

　あなたが初めてアメリカを訪れたとしましょう。あなたは今、コーヒーの香しい匂いに包まれた、ホテルの朝食ビュッフェの列に並んでいます。すると突然、隣に立っていた外国人が片手を差し出し、優しい声で **Go ahead.**（お先にどうぞ）と言ってくれました。あなたは思わず **Thank you!**（ありがとう）と返します。とても嬉しい気持ちです。

　このときの **Go ahead.** と **Thank you!** は、言語の記号情報として覚えられるだけでなく、ホテルの雰囲気や、ビュッフェの食べ物や匂い、話しかけてくれた人の容姿や優しいスマイルとともにあなたの脳に記憶されます。

　あなたがこのとき初めて海外で英語を使ったのなら、その達成感や満足感も加わり、この場で得た記憶はずっと心に（いや、脳に！）残ることでしょう。

このように、人間の脳に何年もしっかり留まり続ける記憶のことを「長期記憶」と呼びます。一方、通りすがりに耳に入った会話は、よほど印象深いものでない限り、1分、いや数十秒も経たないうちに忘れてしまうかもしれないですね。そのような一時的な記憶を「短期記憶」と呼びます。

　みなさんはこんな経験はありませんか？　試験のために徹夜で丸暗記したけれど、試験が終わって1週間後にはその内容をほとんど覚えていないというような。

　その後、同じ内容を何度も繰り返し復習すれば別ですが、明日の試験のために軽く記憶に留めた情報は、時間とともにやがて消え去ります。残念なことに、後に利用できる長期記憶にはならずに忘れ去られてしまうのです。

　話を英語学習に戻しましょう。常識的に考えれば、長期記憶にどのくらいの情報が留まっているかによって、利用できる語彙やフレーズに差が出てきます。英語を難なく使いこなすためには、短期記憶でなく長期記憶に留まっている情報がたくさんあることが重要なのです。

　学校で習った単語は卒業と同時に忘れてしまった可能性が高いなあ……と、ここでがっかりしないでください。Prologue でも述べましたが、日常会話に必要な単語はせいぜい2000語、多くて3000語です。英字新聞や洋書を読むには5000語程度は必要なので、その数に比べればさほど多くはありません。

　多くの日本人は高校・大学入試の過程において、繰り返し同じ情報を脳に送り込むことにより、かなりの数の単語や文法やその他の知識を記憶しています。（今は忘れていても、ちょっと復習すれば

取り出す力　Chapter 1　　27

すぐ思い出すはずです！）

　ですから、受験教育の弊害を批判する人がいますが、著者に言わせるとそれはとんでもない間違い！　何度も繰り返し機械的に覚える鍛錬を経たおかげで、脳は日常会話に使えるくらいの語彙を蓄えています。そしてありがたいことに、若いときに繰り返し叩き込んだ情報は、脳への定着率も高いのです。

　しかし……ここで先ほどのホテルのビュッフェの例を思い出してください。試験勉強での覚え方はかなり機械的でした。自分にとって思い出深い状況と合わせて覚えたわけではありません。

　必死に覚えた情報を長い間使わないでそのままにしておくと、そのうち新しい記憶に取って代わられてしまうかもしれません。たとえ残っていたとしても、記憶の片隅に追いやられてしまい、探してもすぐには出てこない可能性があります。

毎日英語を使う人は
ここが違う！

　先ほどのキリンのような例が、致命傷になり得る職業の人がいます。プロの通訳者です。突然ある単語が出てこなかったら？　それは最大のピンチです。専門用語はもちろん、硬いビジネスの話の中に日常で使う単語（極端な話、ご飯のおしゃもじとか自転車の空気入れとか……）がいきなり出てくることもあります。

　ですから、英語の語彙や表現を忘れないように、ほとんどの通訳者は毎日何らかの形で英語に触れたり、実際に使ったりしています。

　それは、バレリーナがバー・レッスンを欠かさなかったり、スポーツ選手が筋肉トレーニングを忘れないのと似ています。1週間でも英語にまったく触れないでいると、英語の勘が鈍くなり、同時に自信もなくなるからです。

　彼らの英語との触れあい方は様々ですが、典型的なのは英字新聞を読む、海外の英語ニュースを聞くことです。頻繁に映画を観る人もいます。とにかく英語に触れることが目的ですから、手段はなんでもかまいません。

　新聞やニュース、映画のセリフなどをきちんと理解するためには、我々は過去の記憶を頼りにしています。頭に入ってきた情報を過去のデータと照らし合わせながら認識し、意味を理解しています。過去の記憶は、たびたび参照されることにより、より深く定着するとも考えられます。

英語を日常的に使う人たち（通訳者、翻訳者、通訳案内ガイド、英語を使うビジネスパーソン、英語が大好きな一般の方たち）は、この「記憶の補強」を毎日行っています。だから、そうでない人たちより英語を忘れづらいのだと思います。

　一方、英語に触れない人、使わない人の脳の働きはどうでしょうか？　使わないうちに長期記憶は薄れ、記憶をさっと取り出す力も弱まっています。使わない情報は引き出しの奥にしまわれ、取り出そうと思ってもどこにあるのかわからない状態です。

　キリンを思い出すのに、４本足の首の長い動物？　草原？　のような感じで記憶の糸をたどっていたら、相手が存在する会話では間に合いません。相手はあなたが語彙やフレーズを思い出すまで、根気強く待ってはくれないのです。

　思い出すことに時間がかかっていては、あとの作業、つまり文を組み立てたり、余裕を持って発話したり、相手の反応に合わせて対応したりする作業がすべて遅くなってしまいます。

　「ひとつの電車が遅れたら、次の電車も遅れる」。そのような感じでお考えください。

　もしあなたの「取り出す力」が弱まっているのだとしたら、何としてもその力を取り戻さなければいけないのです。

　鈍ってしまった反射神経を再び活発化させるためによい方法があります。通訳の初歩訓練のひとつ「クイックレスポンス」と呼ばれるものです。ひとつの単語を耳にしたら、間髪入れず、その単語を別の言語に素早く置き換える練習です。

この訓練は通常、医学用語などの専門用語を効率的に記憶するために使います。しかし、もうひとつの目的は、置き換えの速さ、つまり反射神経を高めることです。通訳者は瞬時に反応しなくては仕事にならないので、クイックレスポンス、すなわち「素早い反応」の訓練はとても役に立つのです。

　それでは、簡単な日常会話に出てくる単語を使い、クイックレスポンスに挑戦してみましょう。次ページのエクササイズは、日常生活に出てくる単語をわざと関連のない順番で並べたものです。あまり深く考えずに瞬時に訳すことができるかどうか、日本語→英語、英語→日本語の両方向で試してみましょう。

取り出す力　Chapter 1　　31

エクササイズ1

「クイックレスポンス・エクササイズ」

❶日本語か英語の一方をノートか何かで隠し、各単語を日本語→英語、英語→日本語に素早く置き換えてください。すぐに思い出せなかった単語、答えがわからなかった単語には、左の□に✔を入れます。ひとつでも✔が付いた人は2回目、3回目とトライしてみましょう。

❷余裕のある方は、ストップウォッチやタイマーを使い、最初から終わりまで何秒かかったかを測定してみましょう。単語10個につき、10秒から15秒を目安に頑張ってみてください。

❸この作業を2～3回繰り返し、反応が速くなったかどうか確かめてみましょう。

□□□ 桜	□□□ cherry blossoms
□□□ くじら	□□□ whale
□□□ なす	□□□ eggplant
□□□ 図書館	□□□ library
□□□ 傘	□□□ umbrella
□□□ レジ	□□□ cashier
□□□ かき氷	□□□ shaved ice
□□□ 社会学	□□□ sociology
□□□ 眉毛	□□□ eyebrows
□□□ 梅雨	□□□ rainy season

□□□ 肝臓　　　　　　□□□ liver

□□□ 梨　　　　　　　□□□ pear

□□□ 床屋　　　　　　□□□ barber

□□□ 缶詰　　　　　　□□□ canned food

□□□ 弁当箱　　　　　□□□ lunch box

□□□ ノートパソコン　□□□ laptop

□□□ 財布　　　　　　□□□ wallet

□□□ 長靴　　　　　　□□□ rain boots

□□□ 葬式　　　　　　□□□ funeral

□□□ 憲法　　　　　　□□□ Constitution

□□□ ニンニク　　　　□□□ garlic

□□□ 名刺　　　　　　□□□ business card

□□□ 週末　　　　　　□□□ weekend

□□□ 和菓子　　　　　□□□ Japanese sweets

□□□ 胃　　　　　　　□□□ stomach

□□□ 休暇　　　　　　□□□ vacation

□□□ いちじく　　　　□□□ fig

□□□ 神社　　　　　　□□□ shrine

□□□ 箸　　　　　　　□□□ chopsticks

　いかがでしたか？　簡単な単語なのに、一瞬で思い出すのは難しくありませんでしたか？
　次は、日常生活の中で簡単にできるエクササイズをご紹介します。

エクササイズ 2

「何でも英語にしてみる！
エクササイズ」

暇な時間や仕事の合間に密かに行えるエクササイズです。

（電車の中で）
　電車の中で行うエクササイズです。ある駅から次の駅に行くまでの間に、目に入るあらゆるものをすべて英語の単語に置き換えてください。外の景色、電車の中にいる人々や持ち物、中吊り広告の文字、なんでも構いません。（ブツブツ口に出して言うと、さらに効果があります）

（病院の待合室、公園などで）
　上記と同じことを、病院の待合室、昼休みの公園、軽い散歩の途中などで行ってください。周りに人がいない場合、思いきって口に出すとさらに効果があります。（ただし、危ないので車を運転するときはやめてくださいね！）

集中力強化で記憶力をアップ！

　英語と日本語の単語をさっと入れ替える練習の効果はいかがでしたか？　何度もやるうちに少しずつ反応が速くなってきたとしたら、それは効果があった証拠です。

　もうひとつ、記憶の活性化、脳の鍛錬によい訓練があります。これもまた、通訳の初期の訓練を応用したものです。リプロダクション（再生）というエクササイズです。

　みなさんは、目の前で誰かが通訳するのを見たことがありますか？　講演会などでスピーカーの隣に座り、一生懸命メモを取る人がいますね。その人はスピーカーが話し終わったとたん訳し始めます。ブースの中で通訳する同時通訳に対し、そのような形の通訳を逐次通訳と言います。

　あのメモはいったい何を書いているか、ご存知ですか？　人によってメモの取り方は異なりますが、スピーカーの話をすべて書き取っているわけではありません。記憶を保持するのが難しい数字、固有名詞、キーワード、キーセンテンスなどを書き留めているのです。

　では、なぜ通訳者はスピーカーの話をフルに再現できるのでしょうか？（事前にテーマに関連した情報を仕入れておくことも大変重要なのですが）やはり鍵となるのは「記憶」です。

　話の概要、論理的な筋道は脳の一時記憶に留め、再現するときにはメモを助けにしながら全体の記憶を一気に取り戻しているのです。

取り出す力　Chapter 1　　35

新人通訳者の場合、メモ取りに夢中になり、気が付いてみたら記憶自体は曖昧（しかも、メモは細かすぎて何が書かれているのかわからない！）──ということがたまに起こります。頭が真っ白という状態、それは悲劇ですね。通訳者にとって、記憶はそのくらい大切なのです。

　みなさんも軽く想像できると思いますが、このときの集中力は相当なものです。試しに、たとえばテレビのトーク番組などの一部を視聴し（日本語の番組で構いません）、数字や固有名詞、キーワードだけをメモに取り、そのあとメモを参考にしながら、聞いたばかりの話を再現してみてください。（興味のある方は、本章のエクササイズ4で体験できます）

　このとき、みなさんはどのくらいの精度で聞いた話を再現できると思いますか？　実際にやってみると、ヘトヘトに疲れるはずです。

　通訳のクラスでは、本番での集中力を養うためにサマライゼーション（スピーチを聞いてサマリーを作ること）やノート・テイキングの練習をします。

　最終目標はひとつの言語からもうひとつの言語へ翻訳することですが、スピーチの要旨や全体の話の流れを掴むことが内容の理解にいかに重要かを覚えるためです。

　通訳って、聞いただけで神経のすり減りそうな、大変な仕事だと思われるかもしれませんね。確かに失敗したときは、帰りの電車でホームに飛び込みたくなるほど落ち込むこともあります。でも、うまく通訳できたときは「やったあ！」という感じになります。辛さを乗り越えたあとの達成感はスポーツとよく似ています。

著者がかつて大学院で通訳を教えていたとき、コースの最初のほうで取り入れていた、ある訓練があります。通訳そのものはまだ経験していない学生にやらせた、あること。英語に関しては自信満々の（？）学生たちを最初に驚かせたのは、**リプロダクション・エクササイズ**でした。

　まず、ある程度の長さの文章を全員に聞かせます。ほぼ内容がわかったところで、先生（私！）が1文ずつ読み上げ、学生はそれを空で暗唱します。はじめは1センテンスから、徐々にセンテンスの数を増やしていきます。読み上げ、暗唱する文章は、日本語でも英語でもどちらでも構いません。

　いくら記憶力のよい若い学生たちでも、3センテンス以上になるとしどろもどろになってきます。ここでお断りしておきますが、私は決して意地悪をしていたわけではありません。このエクササイズは、著者が大学生の頃に味わった地獄の特訓に比べたら、さほどたいしたことではないのですから（笑）。

　かつて私が在籍した通訳のクラスでは、担当の教授が私たちに英語のスピーチを聞かせながら、100からさかのぼって数字を声に出してカウントするように命じました。100、99、98、97……。数字を逆さにカウントしながら同時に内容を理解するというとんでもない試練を、教授は学生たちに与えたのです。

　もちろん私たちは全員よくできませんでした。教授もこれが地獄の特訓であることをわかっていたので、以後二度と命じることはありませんでした。今思えば、記憶には集中力がいかに大切かを、教授は学生たちに伝えたかったのだろうと思います。

じゃあ、みなさんもやってみましょう！とは言いません（笑）。まずは、簡単なリプロダクション・エクササイズをやってみましょう。（そのあとに、余裕のある方はサマライゼーション・エクササイズを試してみてください）

エクササイズ3

「リプロダクション・エクササイズ」

1）最初のセンテンス ❶ をゆっくり読みあげてください。
2）テキストから目を離し、そのセンテンスを再現してください。
3）❶と❷のセンテンスを読み上げ、2）と同じことをしてください。
4）❶から❸までのセンテンスを読み上げ、2）と同じことをしてください。

　まずは、次の日本語の文章を再生してみましょう！

❶今日は山田さんと本社で会う約束をしています。
❷山田さんは午後２時頃、山形から戻ります。
❸山形は今の時期、雪が降ってかなり寒いです。

❶日本人の睡眠時間は、平均７時間15分です。
❷多くの日本人が午後11時過ぎに就寝します。
❸日本人の３人に１人が睡眠不足と感じています。

次は、同じ文章を英語にしたものを再生してみましょう！

5) 最初のセンテンス ❶ をゆっくり読みあげてください。

6) テキストから目を離し、そのセンテンスを再現してください。

7) ❶と❷のセンテンスを読み上げ、6)と同じことをしてください。

8) ❶から❸までのセンテンスを読み上げ、6)と同じことをしてください。

❶ Yamada-san and I will meet at the main office today.

❷ Yamada-san will be back from Yamagata around 2:00 p.m.

❸ It's snowy and very cold in Yamagata around this time of year.

❶ The average sleep time in Japan is 7 hours and 15 minutes.

❷ Most Japanese go to bed a little past 11:00 p.m.

❸ One in three Japanese people feel they are not getting enough sleep.

エクササイズ4

「サマライゼーション・
エクササイズ」

このエクササイズは余裕のある方だけがおやりください。

1）30分程度のニュースやトーク番組を録画します。
2）録画した番組を3〜4分程度に分けて視聴し、同時に数字や
　　固有名詞、大切なキーワードなどをメモしてください。
3）メモを見ながら、今視聴したばかりの話を再現します。
4）この行為を録画した番組の終わりまで続けます。

このエクササイズは、日本語でやっても英語でやっても構いません。疲れたらやめてください。

楽しく効果的に
単語を覚える方法

　最後に、語彙の量が少ない、記憶するのが苦手という方のために少しアドバイスします。

　Chapter 1のはじめのほうでも述べましたが、言語の記憶は他の記憶（場面や状況、そのときの雰囲気、気持ちなど）と一緒に長期記憶に記憶されると効率がよいことがわかりました。

　もちろん、『試験にでる英単語』のような覚え方でも、繰り返し記憶する行為を通じて長期記憶に残すことはできます。でも、何かと関連して覚えるほうが楽しいし、特定の文脈とともに覚えると、のちに運用しようと思ったときにより効果が感じられます。

　なんだ当たり前だと思われるかもしれませんが、鍵となるのは次の3つです。

① 英語にたくさん触れる
② 覚えた単語をすぐ使ってみる
③ 何かに関連させて覚える

　まず、言葉は多く触れれば触れるほど、記憶に留まる確率が高くなるというのは、常識的に考えて当然です。

　新聞、雑誌、小説、映画、児童文学、絵本、料理本など何でもいいと思います。動画や映画も効果的です。すでに知っている単語も、思い出すことによって記憶が強固になります。知らない単語も、何

度か出てくるうちに自然と長期記憶に留まるようになるはずです。

　せっかく留学したけれど、現地で自分からあまり話す機会がなかったという人も、たぶん心配する必要はありません。周りの人の英語を一生懸命聞いていたのであれば、脳には大量の記憶がインプットされています。2番目のキーである「使う機会」が訪れれば、きっと口から流れるように英語が出てくることでしょう。

　そういえば、2番目の「使う」ということで思い出したことがあります。かつて私の通訳時代の大先輩は、家のどの部屋にも1冊は辞書を置いていたそうです（まだ辞書が紙の時代です）。もちろんトイレの中にも！　何と言うのかなと思った瞬間、すぐに調べられるからだそうです。そして彼は言いました。「調べた単語は翌日すぐに仕事で使う」と。

　まず、すぐ辞書を引くというのは素晴らしいと思います。たいていの人は横着ですから、すぐには行動に移せません。でも、現代ではスマホを使って簡単に単語の意味を調べられます。知らない単語を見つけたら、その場で辞書を引くことが肝心！

　いったん忘れても、また別の機会に再び覚えればよいのですから、すぐに覚えられないこと自体をあまり気にしなくてよいと思います。とにかく調べることが、記憶の強化につながります。

　次に素晴らしいのは、先輩が覚えた単語や表現を翌日すぐ使ったということ。これには私たち後輩もびっくりしました。すぐに使ってみることで記憶が強化されるであろうことを、大先輩はよくわかっておられたのですね。でも、即使ってみることは普通の人にはなかなかできないことです。

取り出す力　Chapter 1　　43

ましてや、ビジネスで頻繁に英語を使う人以外は、実際に使う機会にはなかなか恵まれないことでしょう。それでも何とかして使おうという意識だけは持っていただきたいと思います。

　会社のスピーチやプレゼン、英会話のクラスの中でもいいのです。友人との模擬英会話の練習の中でもよいでしょう。私自身もよくやりますが、メールやSNSの中で使う方法もあります。

　最後になりましたが、３番目の「何かに関連させて覚える」はとくに重要です。これは新しい単語を覚えるときにとても役に立つからです。

　先に登場したホテルのビュッフェのように、ある状況の中で覚える、できればインパクトのある場面の中で覚えることが大切です。文字だけでなく、絵や映像とともに覚えるのも効果があります。

　英字新聞を読む場合も、何でもよいから読むのではなく、そのときに旬な出来事を報じている記事を読んでください。たとえば米国で大統領選があったら、しばらくその特集記事ばかりを読みます。いくつも記事に目を通していると、同じ単語が何度も現れることに気づきます。

　そのようにして覚えた単語は、印象の強い出来事とともに覚えられるため、記憶に残る可能性がぐっと高くなります。

　辞書の引き方ですが、同じ文献内で同じ単語が３度出てきたら初めて辞書を引くくらいでよいと思います。かなり特殊な使われ方をしている単語を必死に覚えても、二度とお目にかからない可能性があり、それは無駄です。忘れてしまいそうになったら、すぐにメモ用紙や付箋などに書き写しましょう（それだけでも、たぶん記憶に

残る確率が高くなります）。

　再び強調しますが、単語をバラバラに覚えるのはやめましょう。何らかの文脈を持つもの、小説、新聞、動画、映画、歌、漫画、何でもよいと思います。そして興味のある話題を選びましょう。

　好奇心や興味をそそるもの、それは記憶そのものを高める効果があります。ぜひ実践してみてください！

コラム②
帰国子女はバイリンガルか？

　著者がはじめて海外帰りの生徒の英語を聞いたのは小学校の頃。お昼休みの学校放送で、ある生徒が

Hello, my name is Keiko Suzuki.

と挨拶したのです。発音が美しく、子供心にかっこいいなと思いました。

　それから何十年、グローバル化が進む中、大学で教えていてびっくりしたのは、いまだに「誰々は帰国子女だから！」という言葉が学生の口から飛び出すことです。最近まで教えていた国立大学では、英語の得意な学生が多かったけれども、彼らの多くが「帰国子女には逆立ちしても勝てない」というような、おかしなコンプレックスを抱いていました。

　確かに、帰国子女は発音のよさと流暢さでは際立っています。厳密にはネイティブのレベルではないのですが、滑らかさがあることは間違いありません。彼らの多くが生の英語を耳から習得しているからです。しかし、そのことイコールバイリンガルということではありません。

　バイリンガルとは、2か国語を同程度に流暢に操れる人を指します。簡単な日常会話のレベルなら、それに近い人はかなりいるでしょう。しかし読み書きについては、日本語、英語ともに教養ある成人レベルに達している人は極めて少ないのです。まして文法の正確さが母語と比較して遜色ない人はほとんどいません。

　かつて某雑誌が帰国子女にアンケートをとったところ、彼らの5割が英語に自信がないという結果が出ました。

　小学校3年生でアメリカから帰国したら、英語は小学校3年のままです。それをバイリンガルとかネイティブと呼んで特別視するのは、彼ら帰国子女にとってもフェアではないのです。

　私が知っている優秀な帰国子女は、むしろ帰国後に英語を一生懸命勉強した人たち。海外で得た英語力が2割だとしたら、その後の努力が8割かもしれません。

　日本人もそろそろ目先の流暢さに憧れるのをやめ、外国人に尊敬される、きちんとした英語力の獲得に目を向けるべきではないでしょうか。

Chapter 2

組み立てる力

Chapter 1では、脳を活性化し、記憶された単語を素早く取り出す方法についてお話ししました。本章では、単語はまあまあ思い出せるがさっとセンテンスにするのは苦手、1文くらいは思いつくが2文以上の文章にするのは苦手、という方のための対策です。

意外にも（！）
会話に重要な文法

　Chapter 1では、脳に記憶されている単語を取り出す能力を高め、集中力を強化する練習をしました。しかしご存知のように、単語をむやみに並べるだけでは会話は成り立ちません。伝えたいことを表現するためには、単語をルールに沿って組み立て、意味のある文や文章にする必要があります。

　そのときに重要な役割を果たすのが文法です。たとえば **Do you like reading books?** というセンテンスは、ただの単語の羅列ではありません。一定のルールのもとに配置された、意味のあるセンテンスです。文の冒頭に **Do** が来ることや、疑問符で終わっていることから、この文が疑問文であることもすぐわかります。

　単語の配置を決めるルール（専門用語では統語）やその他の文法規則（冠詞や前置詞、時制など）は、脳の中で語彙と一緒に記憶されています。それらは必要なときに取り出され、Chapter 1でも触れた、ワーキングメモリーにおいて目にも留まらぬ速さで処理されます。

　このワーキングメモリーが活性化されていないと、当然処理は遅くなります。そのため、加齢や疲労など生理的要因があると言葉が出にくいのです。

　一方、文法をわざわざ勉強しなくても会話はできると言う人もいます。これに関してはどうでしょうか。確かに何も知らなくても、英語の環境にいるだけである程度は話せるようになるのは事実です。

ひとつの例を挙げますと、著者はかつて9才と6才の子供を連れてアメリカに住んだことがあります。そのとき二人の子供はフォニックス（詳しくは Epilogue の161ページを参照してください）を多少学習していた程度。英語はほとんど話すことができませんでした。

　そんな状況の中、長男が現地の小学校で最初に覚えてきたのが **Cut it out!** というフレーズでした。スラーのかかった独特のリズムで発音するため、「カティティアウ」のように聞こえます。最初は何を言っているのか意味不明でしたが、まもなく、友達同士でふざけるときに「やめろよー」みたいな意味で使っていたことが判明しました。

　このとき、息子は **Cut it out!** という表現のひとつひとつの単語が何かも、それがどのような文法構造でできているかも、まったく知りません。この表現を発すると、ふざけていた相手が突然その行為をやめる――それを自然に習得したのです。（まさに、サバイバル式学習法ですね！）

　興味深いことに、息子が学校できちんとした英語の疑問形を学習したのは、アメリカに行って少し経ってからのことでした。**Do you…? Does he…?** などの疑問形は、子供の会話にはほとんど出てきません。普段は（**You**）**Wanna play with me?**（一緒に遊ぼうよ）で十分だからです。

　「先に体験、あとに文法」のように、覚える順序が逆でも、それなりの環境さえ整っていれば、いつの間にか必要な文法知識は獲得されます。誰でも大人になるまでにきちんとした英語を話したり、書いたりできるようになるのです。

組み立てる力　Chapter 2　　49

母語においては、みなこのような方法で自然に文法知識を獲得します。でもみなさんは、学校できちんと日本語の文法を習った覚えがあるでしょうか？　たぶんその記憶はあまりないと思います。それでも日々の生活の中で語彙や文法は自然に獲得されます。

　外国語の場合はそこが違います。意識して文法や使い方をひとつひとつ覚えていかないと使えるようになりません。その結果、ある言語のネイティブ話者より非ネイティブ話者のほうが、その言語の文法をよく知っていたりするのです。

　たとえば、みなさんは「は」と「が」の使い方の違いを外国人に説明できるでしょうか？

　私を含めた多くの日本人は、文中で「は」と「が」を正確に使い分けられますが、その違いを上手く説明することができません。逆もあります。著者がネイティブの先生に英語の文法的説明を求めても、満足のいく回答が返ってこないことがよくあるのですが、理由はまったく同じです。

　つまり、英語の文法については、日本人はアメリカ人やイギリス人よりしっかりとした知識を身につけている可能性があるのです。それについては自信を持ってください。むしろ、せっかく文法が正しい英語を習っているのに、その英語を使いこなせないことが問題なのです。

　では、どうしたらよいのでしょうか。この問題を大きく３つに分けて考えてみたいと思います。３つの問題提起に対し、３つの提案を考えてみました。

問題提起 1 ：日常会話は難しいというイメージがある。
提案：日常会話がいかにシンプルで易しいかを知る。

問題提起 2 ：覚えたフレーズが口から出てこない。
提案：脳を活性化し、記憶から取り出す練習をする。

問題提起 3 ：フレーズひとつでは言いたいことが言えない。
提案：言いたいことを整理し、シンプルな形で言う。

　まずは、問題提起 1 へのご提案をいたします。大学の先生や仕事で英語を使う人でも日常会話は苦手な人が多いことは先に述べました。

　得意分野や専門分野についてであれば話せるけれど、日常で使う英語は使ってみると意外に難しい、と言う人はよくいます。次のセクションでは、日常会話は難しいというイメージをどう払拭するかについてお話しします。

日常会話はとてもシンプル！

　著者は３年前に、日常会話に使えるフレーズをたくさん集めた本を出版しました。この本は英語学習書としては破格のベストセラーになりましたが、なぜそれほど多くの読者のハートを掴めたのでしょうか。

　おそらく一番の鍵は、フレーズのシンプルさです。

　読者が普段から言いたいと思っていたことが、中高で習うような簡単な単語で、しかも短めの文を用いて「伝わる英語」にできる！──そこに、読者が共感を覚えたのだと思います。

　著者が長い英語人生の中で、たびたび感じてきたことがあります。英語を習う大人が直面するひとつの大きな悩み、それは「知性」と「話せる英語」の間のギャップです。

　どういうことかと言うと、日本語だったらこんな複雑で難しいことが言えるのに、同じことを英語で言おうとすると言えない、というジレンマが大人の学習者を苦しめるのです。

　大学のスピーチやプレゼンのクラスでも、言いたいことをうまく英語で伝えることができないために、フラストレーションを抱えている学生を大勢見てきました。実際、英語をスラスラ話せないから自分はダメなんだ、会話はやっても仕方がないんだ、と思い込む学生は英語の勉強ができる人ほど多い、という印象を持っています。

英語でディスカッションさせても、そのような学生は「無駄だから早く授業が終わらないかな……」という顔をしていたり、諦めて途中から日本語を話し始めてしまったりします。

　この態度や考え方は、実にもったいない！

　第一に、英語は一朝一夕で習得できるものではないからです（母語では一生かかって一人前になります。外国語の学習はとても時間がかかるのですよ！　とその学生たちに言いたい）。

　第二に、言語構造や発音体系が英語とまったく異なる日本語を母国語とする話者は、英語を話すことにおいておそろしく不利なのです。ヨーロッパ人がスラスラ話すのを聞いて、コンプレックスを感じる必要はまったくありません。

　ならば完全でなくてもいい、できるところまでやってみよう、という気持ちの切り替えが必要なのです。

　第三に、話す内容が難しいからといって、難しく伝える必要はないのです。伝え方は易しくシンプルにすることができます。

　知識人の中には、難しくしか話せない、易しくは書けないという人がときどきいますが、それはおかしいと思います。よくわかっていればいるほど、易しくシンプルに人に説明できるはずなのです。

　易しい語彙の選択、シンプルな文の組み立てで、それは可能になります。具体的にどういうことか、次のセクションでお話ししましょう。

組み立てる力　Chapter 2　53

「Can I 英語」の勧め

　少し前の話になりますが、BS放送である旅番組を放映していました。パリ在住の作家と日本からやって来た新人俳優が、ロンドンのアパートで短期間だけ寝食をともにする話です。

　作家は海外生活が長く、英語も上手です。一方、若手俳優は英語が苦手で困っていました。ロンドンに着いてまもなく、彼は作家が連れて行ってくれたレストランで、その悩みを打ち明けます。すると作家は、（正確には覚えていませんが）このように答えました。「最初は、**Can I…?** という文ひとつで大丈夫だよ！」

　たとえば、レストランで **Can I have some beer?** と言えば、ビールを持ってきてもらえます。劇場の窓口で **Can I have two tickets?** と言えば、チケットが2枚買えます。

　何かをお願いするときの「Can I 英語」はカジュアルな場面でよく使います。そこそこ丁寧な言い方なので、あらゆる場面で使え、とても使い勝手がよいのです。異国の地で生き延びるためには、まず「相手に自分の要求をわかってもらうことが先決」、と作家は言いたかったのですね。

　もちろん、実際の会話では「Can I 英語」だけですべてが足りるわけではありません。しかし、ここで思い出してください。日常会話で使用する英語は、学校で習う英語よりずっと易しくシンプルであることを！

実際、映画の中ではネイティブが実に簡単な英語を話しています。英語、日本語にかかわらず、日常的に使う英語は意外と限られているからです。たとえば、朝寝坊して会社に遅れそうになった会社員 Susan（ S ）が、配偶者 Mike（ M ）と次のような会話を交わすとしましょう。

S Honey, I'm late. I have to be at my office at 7:00 a.m. this morning.
M Oh, dear. Do you want your breakfast now?
S No, I don't have time. Can I just have a glass of milk?
M Sure. Here you go.
S Thanks, Mike! Did you see my smartphone?
M It's on the table, just in front of you. Take a deep breath and relax, Susan!

　ここで使われている語彙や構文は、どれも難しいものではありません。みなさんが中学生のときに習ったものと同じくらいです。日常で使われる英語は驚くほど簡単でシンプル、ということがここでもわかりましたね。

　要は、いくつかの基本構文を応用しサバイバルな場面で相手に自分の意思を伝えることができれば、最低限は生き延びられるということです。上記の会話をタイプ別に整理してみました。

現在の状況を伝える（I'm late. / I have to be…this morning）

サバイバルな場面では、現在の自分の状況をきちんと伝えられる

ことがとても重要です。「喉が渇いています（**I'm thirsty.**）」、「忙しいです（**I'm busy.**）」「気分が悪いんです（**I'm sick.**）」などを始め、「財布を落としちゃいました（**I lost my wallet.**）」、「電車に乗り遅れてしまったのです（**I missed my train.**）」などを正しく伝えられるかどうかが、人生の明暗を分けることもあります。

相手に要求を伝える（Can I just have a glass of milk?）

要求の伝え方としては、1杯のコーヒーを頼むときにも様々な言い方があります。**I want some coffee. / I'd like some coffee. / Can I have some coffee? / Could I have some coffee?** など。死にそうに喉が渇いているので、どうしても1杯の水が欲しければ、**Give me some water!** と叫ぶのも **OK** です。

先に述べたとおり、「Can I 英語」はそこそこ丁寧でありながらカジュアルな響きがあるので、多くの場面で使えます。「あなたのファイルを見せてください（**Can I look at your file?**）」、「ご一緒させてもらってもいいですか？（**Can I go with you?**）」など。

相手に感謝する（Thanks, Mike!）

外国人との会話では、感謝のひと言は絶対に欠かせません。**Thank you.** のひと言を言うか言わないかで、礼儀正しい人かそうでないかを判断されてしまうからです。何か恩義を受けたときには、必ず **Thanks. / Thank you. / Thank you for your help.** などを伝えましょう。

相手に質問する
（**Do you want your breakfast now? / Did you see my smartphone?**）

　相手にきちんと質問できることもサバイバルの鍵となります。「この水は飲めますか？（**Can I drink this water?**）」、「このパンはいくらですか？（**How much is this bread?**）」、「お手洗いはどこですか？（**Where's the restroom?**）」など。

相手の質問に答える
（**No, I don't have time. / It's on the table, just in front of you.**）

　多くのみなさんにとってはこれが一番難関かもしれません。質問されたらまずは慌てないこと。深呼吸して、相手の目を見て、それから答えます。「えーっと、この道をまっすぐ行ってください（**Well, go straight down this street.**）」、「いいですよ、やってあげましょう（**OK, I'll do that for you.**）」、「ごめんなさい、それについてはわからないなあ（**Sorry, I don't know about that.**）」など。

　さて、理屈上では日常会話が簡単なことがおわかりになったと思います。それでもすぐには口から出てこない！というのがみなさんの本音かもしれません。次のセクションでは、そういう読者のために特別な訓練法をご用意しました。

丸ごと覚える！
「1フレーズ暗記法」

　1フレーズ暗記法とは、ある日本語のフレーズに対してまったく同等の意味を持つ英語のフレーズを丸ごと覚えてしまい、即使えるようにすることです。日本語からいちいち翻訳していたのでは会話に間に合いませんから、最低限のフレーズを、母語と同じように「自動化」してしまおうという目論見です。（人間自動翻訳機のようなものですね！）

　このとき使うフレーズは、状況に左右されないものしか使えません。さっと口から出ることが目的なので、状況を深く考えて英語にしなければならないフレーズは使えないのです。

　まずは、短いフレーズを日本語から英語、英語から日本語へどのくらいの速さで変換できるか、その練習をしましょう。Chapter 1でやった単語のクイックレスポンスと同じです。どのくらいのスピードで転換できるか試してみましょう。

エクササイズ5

「さっと英訳！エクササイズ」

　次ページに並んでいる日本語を即、英語に直してください。

　解答例を添えますが、答えはその通りでなくても、意味が同じであれば OK です。

　すぐに答えられなかった場合は、左の□に✔を入れます。
✔が付いた人は、2回目にトライしてみましょう。

　余裕のある方は、訳すのにかかった時間を測ってみましょう。

組み立てる力　Chapter 2　59

❶ ☐☐ おはようございます。

❷ ☐☐ 元気ですか？

❸ ☐☐ コーヒーをください。

❹ ☐☐ このセーターはいくらですか？

❺ ☐☐ あなたのホテルはどこですか？

❻ ☐☐ 駅までどのくらいかかりますか？

❼ ☐☐ 顔色がよくないですね。

❽ ☐☐ お腹がすごく痛いんです。

❾ ☐☐ 昨晩、たくさん牡蠣を食べました。

❿ ☐☐ 会社に名刺を置いてきてしまいました。

⓫ ☐☐ 次の電車に乗らなければ！

⓬ ☐☐ 午後から顧客に会いに行きます。

⓭ ☐☐ 私の会社は人形町にあります。

⓮ ☐☐ 会議の前には帰ってきてくださいね。

⓯ ☐☐ （電話で）佐藤さんはいますか？

⓰ ☐☐ 佐藤は今、別の電話に出ています。

⓱ ☐☐ あとでかけ直しますね。

⓲ ☐☐ ウイスキーをロックでお願いします。

⓳ ☐☐ 趣味はカラオケで歌うことです。

⓴ ☐☐ この席は空いていますか？

解答例

❶ Good morning!

❷ How are you?

❸ Can I have some coffee?

❹ How much is this sweater?

❺ Where is your hotel?

❻ How far is it to the station?

❼ You look pale.

❽ I have a terrible stomachache.

❾ I had a lot of oysters last night.

❿ I left my business cards at my office.

⓫ I have to catch the next train!

⓬ I'm going to meet with my client this afternoon.

⓭ Our office is in Ningyo-cho.

⓮ Please come back before the meeting.

⓯ Is Mr. Sato there? / Can I talk to Mr. Sato?

⓰ Mr. Sato is on another call now.

⓱ I'll call you back later.

⓲ Can I have whiskey on the rocks?

⓳ I like singing karaoke.

⓴ Is this seat taken?

組み立てる力　Chapter 2　　61

㉑ □□ 箸を床に落としてしまいました！

㉒ □□ 迷惑メールがいっぱいです。

㉓ □□ 髪を整えるのに毎朝15分かかります。

㉔ □□ 寝過ぎは体に悪いですよ。

㉕ □□ 同じズボンで大きいサイズのはありますか？

㉖ □□ お手洗いはどこですか？

㉗ □□ シャンプーはどこで売っていますか？

㉘ □□ プレゼンはなるべく短い時間でお願いします。

㉙ □□ 面接のときに足は組まないほうがいいですよ。

㉚ □□ こんな寒さは日本では珍しいです。

解答例

㉑ I dropped my chopsticks on the floor!

㉒ I've got a lot of junk emails.

㉓ It takes me 15 minutes to do my hair every morning.

㉔ Oversleeping is bad for your health.

㉕ Do you have the same pants in a larger size?

㉖ Where's the restroom?

㉗ Where can I find shampoo?

㉘ Please keep your presentation as short as possible.

㉙ You shouldn't cross your legs at a job interview.

㉚ It's unusual to have such cold weather like this in Japan.

エクササイズ6

「やることリスト・ (Things-to-do List) エクササイズ」

これからやろうとしていることをリストアップしたものを、英語では Things-to-do List といいます（ここでは「やることリスト・エクササイズ」と呼びます）。

その日の朝にやること、オフィスでやることなどを英語でつぶやいてみましょう。

時制は現在形でも、未来形でも構いません。
例としては、次のような感じです。

家で
I get up at 6:30 a.m. and walk my dog.
I have a light breakfast and watch the morning news on TV.
I open my laptop and check my emails.
I text my friend about today's meeting.
I leave my house at 8:00 a.m. and walk to the station.

仕事場で
I have a cup of coffee and chat with my colleagues.
I call my client and talk about our new product.
I attend a meeting and give my presentation.
I sort out files and papers on my desk.
I leave the office at 6:30 p.m. and go home quickly.

エクササイズ7

「1フレーズ・エクササイズ」

電車の中でできる「1フレーズ・エクササイズ」です。

次の駅に着くまでに、目に入るものを片っ端から（心の中で！）英文にしてみましょう。例としては次のようになります。

電車の中で

The weather is so beautiful this morning.

I see so many tall buildings across the Tama River.

All the passengers are texting on their smartphones.

Some of them look so sleepy.

I guess they stayed late last night.

Today's train is more crowded than usual.

It's hot and muggy today.

広告の中吊りを見ながら

Hakuho won the championship again!

There are so many political scandals in Japan.

Oh, no…I didn't know Dean Fujioka is married.

Janet Jackson gave birth to her first child. Wow.

カフェでパソコンを見ながら

Our prime minister visited London again.

He met Queen Elizabeth at Buckingham Palace.

Oh my god…, I forgot to email my client.

He must be very anxious now.

組み立てる力　Chapter 2　65

意味でつなぐ!
「2フレーズ構築法」

　先の「1フレーズ暗記法」より少し進んだアドバンスタイプになります。現実には丸ごと暗記法でいくつものフレーズを練習しても、たったひとつのフレーズではなかなか思うことが伝えられません。状況に応じて適切なセンテンスに組み立て、文章にする方法はないでしょうか。

　たとえば、「皇居は千代田区にあり、毎日たくさんの人が見物に来ます」ということを言いたいとします。

　センテンスとしては1つですが、2つの情報が入っています。これは、次の2つの異なる文章に英訳することができます。

訳例❶

The Imperial Palace is in Chiyoda Ward. / A lot of tourists visit <u>the Palace</u> every day.

訳例❷

The Imperial Palace is in Chiyoda Ward. / <u>It</u> is visited by a lot of tourists every day.

日本語の文章では、2つの情報は並列な関係です。ですから **and** でつなぐこともできるのですが、ここではあえて接続詞を使わないでやってみましょう。

　❶の文では、後文に **the Palace**（定冠詞＋固有名詞の一部）が含まれているため、それが皇居のことを指しているのは明らかです。**the** が2文をつないでいるのです。

　次の❷の文では、2文目の **It** が前文の **the Palace** を指していることは常識からわかります。**It** は **the Palace** と置き換えてもいいでしょう。ここでもやはり、指示代名詞が大きな役割を果たしています。

　お断りしておきますが、著者はここで難しい文法の話をしているのではありません。接続詞なしの2文でも、英語は代名詞や冠詞のおかげで意味がつながるケースが多いと言っているのです。（逆に、それらを正しく使わないと、意味の通らない文章になることもあります）

　もうひとつの例を挙げます。「ABC社からわが社の新製品に対するクレームの電話があった」

　このような構造の文を英語にするのは、日本人はとくに苦手かもしれません。「ABC社から電話があった」と「新製品についてクレームがあった」という2つのことを同時に言おうとすると、難しいからです。このようなときも、2つの情報に分けます。

There was a phone call from ABC Company. / <u>**It**</u> **was a complaint about our new product.**

これら 2 つ文では、後文が前文の説明になっています。**It** という指示代名詞は、前文の **a phone call** の内容だということを示しているのです。そのために、聞く方も 2 つの文に関連があることがわかります。

　上記の説明はとくに重要です。複数の情報に分けるのはよいですが、互いに関連のないセンテンス同士を並べると訳がわからなくなります。日本人には、そのような情報の出し方をする人が少なくありません。

　たとえば、**I need to email my boss right away. I wrote my report last night.** という文章があるとします。上司にメールを出すことと、昨夜レポートを書いたことは、内容的にバラバラ。つながりがほとんど見えません。

　下記のような文であれば、意味は通じます。後文の **it** が前文の **my report** を受けており、論理的にもつながっているからです。

I wrote my report last night. / I need to send <u>it</u> to my boss right away.

　最後に、もうひとつの例を挙げます。「妻が病気になったので、自分が娘を保育園まで送らなければならない」

　これも 2 つの文で言えます。

My wife is sick. / I need to take my daughter to daycare.

　この場合は、2 文にとくに文法的なつながりはないものの、一般常識や話の流れから **I need to take my daughter to daycare**

because my wife is sick. という意味であることがわかります。つまり内容的な意味のつながりがあるため、ぷつんぷつんとした短文を並べても意味が通るのです。

　最後に、これまで述べたことのまとめの例として、先日知り合いの編集者さんが私に話してくれたことをご紹介しましょう。

　「先日友人と海外に行って来たのですが、宿泊したホテルで宿のスタッフに感謝の言葉を伝えようと思ったら、**We enjoyed our stay.** しか言えなかったんです。料理が美味しかったとか、窓の景色が綺麗だったとか、もっと言いたかったのに……」

　We enjoyed our stay. が言えただけでも立派だと思いますが、確かにもうひと言、ふた言、付け加えられたら嬉しいですよね。どうして次の言葉が出てこないのか？

　みなさんもすでにご想像がつくように、その原因は複数のことを一度に言おうとしたからです。日本語だったら、「料理は美味しいし、お部屋からの景色が綺麗ですごくよかったです。また来たいくらい楽しみました」くらいは考えずにさっと言えると思います。でも、英語ではなかなか言えません。

　そういうときはどうするんでしたっけ？　そう、頭の中で伝えたい内容を整理します。いくつかの情報に分けるのです。

　そのときに重要なのは、一番言いたいことを先に述べること。周りの状況をくどくど説明してから本題に入るタイプの日本人はとても多いです。しかし、そこでもたついていると、外国人は忍耐強く最後まで聞いてくれません。

組み立てる力　Chapter 2　　69

まず最初に、一番言いたいこと、印象に残したいことを短めに伝えて、相手の注意を惹きつけます。このとき決して相手の目から視線をそらせてはいけません。目をそらすと、相手は会話がそこで終わりだと勘違いしてしまい、それ以上聞いてくれなくなるからです。

　相手の注意がまだあるうちに、ゆっくりと落ち着いて、詳細な理由や説明を足していきましょう。先ほどのホテルの話を例にして考えてみます。

結論（一番言いたいこと）

We really enjoyed our stay here.
（ここでの滞在をとても楽しんだ）

理由❶

The food was great.
（料理がすごく美味しかった）

理由❷

The view outside the window was just beautiful.
（窓の外の景色も美しかった）

締め

We'd certainly like to come back here again.
（ぜひ、またここに来たい）

　この方法だと、一番言いたいことは先に言っているので、万が一結論のあとが続けて言えなくても、相手には最低限、あなたの気持ちが伝わります。上記の３つのセンテンスをひとつにまとめてみます。全文を声に出して読んでみてください。

We really enjoyed our stay here. The food was great. The view outside the window was just beautiful. We'd certainly like to come back here again.

　どうでしょう？４つの情報が含まれているにもかかわらず、いくつかの短い文に分解すると、口にするのが楽ではないでしょうか。

　要は難しく考えないこと。話の流れに沿って、シンプルに文章を構成していくことを考えましょう。まとめると次のようになります。

１．ひとつひとつのセンテンスは短くシンプルに！
２．複数のことを言いたいときは、２文以上に分けよう。
３．複数の文を扱うときには、互いの関連性をよく考えて！
４．結論や言いたいことは先に、理由・詳細はあとで述べよう。
５．接続詞は、どうしても必要なとき以外は省いても大丈夫。

エクササイズ8

「2フレーズ・エクササイズ」

　日本語で示された内容を、短くシンプルな2つの英文にして言ってみましょう。

　解答例を添えますが、その通りでなくてもかまいません。

　より伝えたいこと、印象に残したいことを先に言うほうがベターですが、2つの文の順序が逆になっても大丈夫です。言いやすいほう（たぶん短いほう）を先に言ってください。

　なお、このエクササイズを簡単に感じる方は、転換のスピードを重視してください。

　1. 並列関係

❶ □ 頭が痛くて、喉も痛いです。

❷ □ 野菜は嫌いだし、魚も嫌いです。

❸ □ ホテルは丘の上にあり、海岸が見えます。

❹ □ 私は東北出身で、バスケットボールが得意です。

❺ □ 彼女は大学でイタリア語を専攻し、パスタ料理が得意です。

❻ □ 子供が2人おり、週末には遊園地によく行きます。

❼ □ これからプレゼンをしますが、よく聞いてください。

❽ □ このドレスは色が暗すぎるし、値段が高いです。

❾ □ 山田さんは会計士で、高給取りです。

❿ □ ワインは2種類ありますが、どちらが好きですか？

解答例1

❶ I have a headache. I also have a sore throat.

❷ I don't like vegetables. I don't like fish either.

❸ The hotel is on the hill. You can see the beach from there.

❹ I'm from the Tohoku region. I'm good at playing basketball.

❺ She majored in Italian at college. She is also good at cooking pasta.

❻ I have two kids. I often take them to an amusement park on the weekend.

❼ I'm going to give my presentation now. Please listen carefully.

❽ The color of this dress is too dark. The price is also too high.

❾ Yamada-san is an accountant. He earns a lot of money.

❿ We have two different types of wine. Which one do you like?

2.指示関係

⓫ ☐ 荷物を送りましたが、中にリンゴとせんべいが入っています。

⓬ ☐ 高橋さんの家は大きな家で、ちょうど郵便局の隣です。

⓭ ☐ レポートが書けましたが、いつお送りすればよいですか？

⓮ ☐ 山田さんが今電話してきたのですが、あなたに相談があるみたいです。

⓯ ☐ 頼んだディナー・コースには、パスタと牛肉のステーキが含まれています。

3.因果関係

⓰ ☐ 仕事がなかなか終わりそうもなく、イライラしています。

⓱ ☐ 昨夜よく眠れなかったので、すごく眠いです。

⓲ ☐ 今朝、朝食を抜いたので、お腹が空いています。

⓳ ☐ 明日までに仕上げる宿題があるので、超忙しいです。

⓴ ☐ 急いで会社に帰らないと、もうすぐミーティングが始まってしまいます。

解答例2

⓫ I've sent you a package. There are apples and rice crackers in it.

⓬ Takahashi-san's house is very large. It's right next to the post office.

⓭ I'm finished with my report. When should I send it to you?

⓮ Yamada-san has just called. He (She) seemed to have something to consult with you.

⓯ I ordered a dinner course. It includes pasta and beef steak.

解答例3

⓰ I'm frustrated. This assignment seems to go on forever.

⓱ I'm so sleepy. I couldn't sleep well last night.

⓲ I'm hungry. I skipped breakfast this morning.

⓳ I'm so busy. I need to finish my homework by tomorrow.

⓴ I have to hurry back to my office. The meeting will start soon.

エクササイズ 9

「ストーリーテリング・エクササイズ」

次の話の続きを作成してください。

1

❶ I woke up a little early this morning.
❷
❸
❹
❺

2

❶ I went to a supermarket to get some stuff for dinner.
❷
❸
❹
❺

3

❶ Last Sunday, my wife (husband) and I went to the movie theater.
❷
❸
❹
❺

解答例 1

❷ I decided to go jogging.

❸ While I was jogging, I came across Takahashi-san.

❹ We talked about last night's game between the Giants and the Carp.

❺ Takahashi-san told me he's a great fan of the Carp.

解答例 2

❷ When I walked into the store, I saw nice fresh shrimps.

❸ So, I decided to make shrimp with chili sauce for dinner.

❹ I found a good recipe, using my smartphone.

❺ I bought other ingredients such as onions, ginger and Chinese chili sauce.

解答例 3

❷ Several good movies were on at the theater then.

❸ I wanted to see *Rogue One: A Star Wars Story*, but my wife (husband) wanted to see *Your Name*.

❹ We argued about which movie to see.

❺ Finally, we decided to watch both movies separately.

「状況判断力」と「先を読む力」

　これまで、フレーズをそっくりそのまま覚える「1フレーズ暗記法」、センテンスを短くシンプルに処理する「2フレーズ構築法」をご紹介しました。これでみなさんの口からだいぶフレーズが出やすくなったと期待しますが、最後に忘れてはいけない、重要なことをひとつ付け加えます。

　それは、口から早く英語が飛び出すのを助けるのは、言語の知識や練習だけではなく、言葉を発する際の、「状況判断」が大切だということです。

　状況判断が上手にできる人は、その場でさっと適切な言葉が出てきます。状況判断のできる人は、その先の会話の流れや場の空気を感じ取れる、「先を読む力」を持っているからです。

　A子さんとB男さんの例を出しましょう。

　A子さんがある困難なプロジェクトの獲得に成功したとします。そのとき上司は必ずA子さんに **Good job!** と声をかけると思います。日本語で考えると、この場合は「よくやったね＝お疲れ様」というニュアンスでしょうか。

　一方、営業に失敗し落ち込んでいるB男さんに、同僚は何と言うでしょうか？　様々な表現が浮かんできますが、**Take it easy! There'll be another chance.**（気にしないで！　またチャンスがあるさ）などど言うかもしれないですね。

同じ「お疲れ様」という気持ちを伝えるのでも、状況によって使い分けられなければ、よいコミュニケーションはできません。状況判断が瞬時にできるかどうか、先を読む力があるかどうかは、英語が口からさっと出るか出ないかに大きく関係してきます。

　こういった状況判断、先を読む力のもとになるのは、話者の過去の知識や経験（英語学習者であれば、学校や英会話スクールで勉強したこと、海外での体験や外国人と話した経験など）と、一般常識です。

　こういった知識や経験が豊富であれば豊富であるほど、適切で早い対応ができます。知識や経験はすべて、他の記憶とともに脳に記憶されています。知識は学校や本で勉強できますが、経験はどうでしょうか？

　私はよくみなさんに、２週間でもいいから海外に行ってくださいと言います。１週間でも構いません。そのときに遭遇した様々な体験や苦労、それらはすべて、いざ話すというときの状況判断に役立つからです。

　どうしても海外に行けない場合は、国内の英語教室の中での練習も役立ちます。そこで困ったこと、そこでうまくいったこと、それらの記憶は後々あなたが英語を話すときにきっと役に立つことでしょう。好きな映画の中で何度も繰り返して観たシーン、それもあなたを助けるかもしれません。

「状況判断や先を読む力」は、知識や経験の積み重ねを経て徐々に身につくものです。英語そのものの勉強や鍛錬の大切さとともに、重要なこととして心に留めておきましょう。

組み立てる力　Chapter 2　79

コラム③
英語はネイティブ・スピーカーから習うのがベストか？

「帰国子女」と同様、日本人が間違ったイメージを持ちやすいのが、「ネイティブ・スピーカー（通称ネイティブ）」という言葉です。

「ネイティブが教える〇〇英語」のように銘打った本は飛ぶように売れますが、多くの日本人が思い描くネイティブとは、米国、英国、オーストラリアなどから来た白人の先生ではないでしょうか。

ネイティブとはいったい何でしょうか？

英語を例にとると、ある人が英語の話される国で生まれ育ち、英語を使って何不自由なく周りとコミュニケーションがとれれば、それをネイティブと呼ぶのが一番自然かもしれません。

しかし、この問題は少し複雑です。

小さい頃に親とともにアメリカに移住し、現地の学校に通うことで英語ネイティブになる人もいます。しかし、みなが同じような英語のレベルに到達するわけではありません。

これは著者がボストンで勉強していたときに聞いた話ですが、移民の子弟は親がまったく英語を解さない場合、英語の発達が他の生徒より遅くなるという調査報告があるそうです。

一方、インド、シンガポール、フィリピンなどの比較的裕福な家庭では、英語が話される学校に子弟を入れる傾向があります。その結果、英語の得意な子供たちがたくさん誕生し、大人になった彼らは英語ネイティブとしてグローバルに活躍することになるのです。

現在、英語を公用語、準公用語としている国は世界で50か国以上にものぼります。

日本でしか話されない日本語に対し、英語は多様な環境で幅広い層の人たちが話します。そういう意味で、今後の日本では多様なバックグラウンドを持つ英語の先生が増えてくるでしょう。

純粋なネイティブかそうでないかではなく、きちんとした英語力があるか、英語指導の十分な経験があるか、教えるのは上手いか、という視点で先生を選ぶことが肝心です。

Chapter 3

発話する力

本章では、3つ目のフリーズについてその原因と対策を考えます。語彙やフレーズはある程度マスターしているのに、外国人の前に出ると発音が気になったり、何らかの心理的な抵抗が原因で言葉がさっと出てこない方のための対策です。

スムーズな発話を阻む原因は2つある！

　発話がうまく開始できない原因は2つあると思います。物理的要因と心理的要因です。

　物置の奥から自転車を取り出してひさびさに乗ろうとしても、あちこち錆びついていてうまく使えないことがありますね。英語も同じです。英語でも、**My English is getting rusty these days.**（私の英語は最近錆びついている）などと言いますが、使わないものは錆びる運命なのです。

　これから詳しくご説明しますが、英語と日本語では使う筋肉が違います。英語を始終話していないと、英語の発話で使う筋肉が弱まり、突然使おうと思っても急には復活しません。

　それが、日本人のスムーズな英語の発話を妨げる、1番目の「物理的要因」です。

　そもそも日本のこれまでの英語教育では、発音教育は読解や文法ほど重視されてこなかったこともあり、英語の発話に使われる筋肉のことや、そのためのトレーニングについて知らない人が大勢います。

　本書の読者の多くはおそらくそのような方たちです。子供の頃に正しい筋肉の使い方、正しい発音教育に恵まれていないのです。

　近い将来、小・中学校の英語教育においては様々な画期的方法が

試されると思いますが、すでに間違った発音の癖がついた成人に関しては、100％矯正するのは正直難しいのが現状です。

しかし、あることを知って試すだけで、みなさんの発音は大幅に改善し、少なくとも「根拠なき自信のなさ」は解消するのではないかと私は思います。それが、本章で学ぶ正しい発音の知識と、発音改善のためのエクササイズです。

たとえば、日本人が発音を間違う代表的な例として、**coffee** という単語があります。

coffee をカタカナ音の「ko-hee」と平坦に発音しても、コーヒーが出てくることはありません。**coffee** の発音は「カァーフィ」に近く、「カァ」の部分に強く長いストレス（強勢）がかかります。**f** の音は、唇を使わない「ヒー」ではなく、唇を強く噛んで「フィー」のようにしっかりと発音しなければ、そのように聞こえません。

このような間違いは、きちんとした知識があれば、解決できることです。正しい知識がないことこそが問題なのです。

つまり、英語の発音についてきちんと学べば、100％とは言いませんが、ある程度矯正できます。私はよく発音の気になる方にこう言います。「発音は上手でなくていい。でも、正しく丁寧に！」

発音は文字を書くのに似ています。上手でしかも丁寧な字はもっとも好まれます。しかしながら、下手でも丁寧な字は読みやすいし、相手にもよい印象を与えます。（反対に、上手だけど乱暴な字もあります。そして印象も悪いです！）

みなさんは、「発音は下手でもよいけれど、正しく丁寧に！」と

発話する力　Chapter 3　　83

は矛盾していると思われるでしょう。私が言う「下手な発音」とは外国人訛りを指しています。少々の訛りはあってもそれは当然だし、気にすることはありません。

　日本人よりは相対的に英語がうまいと言われるヨーロッパ人でも、フランス人やイタリア人はドイツ人、オランダ人に比べて発音はよくありません。同じヨーロッパ言語でも、音韻体系が英語とかなり異なっているからです。

　訛りは英語を聞きづらくする要因にはなりますが、きちんと押さえるところを押さえた発音であれば、人には通じます。

　逆に、日本人の耳には流暢に聞こえても、外国人には通じにくい発音の人もいます。発音が悪いというより、正しい音やリズムで話していないため、「聞きづらい発音」になっているからです。

「聞きづらい発音」、とくに日本人に多い「伝わらない発音」とはどのようなものか、本章でこれから解説していきます。

発音攻略①
「喉元で話す日本語」vs.「お腹で話す英語」

　発音を語るうえで、著者が以前から注目しているのが、英語と日本語の「発声」の違いです。日本語は喉元だけを使い上手に話せるのに対し、英語はお腹から声を出さないとうまく話せません。

　著者が「英語と発声」に興味を持ったのは、大学院の通訳クラスで発音指導をしていたときのことです。帰国子女が多い通訳クラスには発音が綺麗な学生が多かったのですが、中には発音に独特の癖があり、聞きづらい学生もおりました。

　そのために試みたのが、文書を音読したものをテープに吹き込み、自分の発音を分析してもらうことでした。普段聞きなれているネイティブの発音と自分の発音のどこが違うか、とくに「聞きやすさ」の面で分析してもらったのです。

　自分の発音を自身で聞くのは誰でも嫌なものですが、慣れてくると、みな一生懸命に自分の問題点を探すようになりました。そのときに、著者が最初に気づいたのが発声の問題です。

　発音が聞きづらい学生の共通点として、日本語と同じような発声で英語を話す癖があることに気がつきました。

　日本語と英語の発声の違いを知るために、次の2つのセンテンスを口先と喉元だけを使い、発話してみてください。

発話する力　Chapter 3　　85

（1）今日の午後、買い物に行きます。

（2）**I'll go shopping this afternoon.**

　次に、同じ2つのセンテンスを、腹式呼吸を使って発話してみます。下腹にぐっと力を入れながら2文を読んでみてください。違いがおわかりになったでしょうか？

　日本語はお腹に力を入れて発声すると、普段の日本語とは違うように聞こえませんか？　どこか舞台俳優のようじゃありませんか？

　逆に、英語はお腹に力を入れて（すると自然に喉の奥から発声するようになります）発声したほうが、英語らしく聞こえるのではないでしょうか。

　先ほどの2文を、お腹に力を入れる方法と入れない方法で何度か練習し、この感覚を覚えてください。これが、「喉元で話す日本語」と「お腹で話す英語」の違いです。

　日本人にとって、普段使っていない腹式の話し方をするのは疲れます。英語の発音練習をまともにやろうとすると、お腹の筋肉をたくさん使うことになり、最初はとても疲れるはずです。（疲れない人は、正しくお腹の筋肉を使っていません）

　でも……英語ネイティブの人たちはそれほどお腹から声を出しているようには見えないと思う方もいらっしゃるでしょう。とくに若い女性は、**nasal sound** といって鼻に抜けるような高く細い声を出すので、とてもお腹から声を出しているようには見えないですね。

　英語は喉の奥を開いて発声する音が多く、それをしようとすると

喉元だけでは話せません。自然に腹式呼吸に近くなるのです。

　英語のネイティブたちは赤ちゃんの頃からこのような発声で育っているので、喉の奥を開いたり、腹式呼吸をすることに慣れています。大人になって面倒くさいから口をほとんど開かないで話したとしても、ちゃんとした英語に聞こえるのはそのためです。

　一方、非ネイティブはそこで手を抜いてはいけません。著者もいつもお腹から声を出すのは疲れるのでときどき手を抜いてしまいますが、そのようなときに限って、相手に **Pardon?** や **Excuse me?** と聞かれてしまいます。慣れるまでは、腹式呼吸を常に意識しながら発音練習しましょう。

発音攻略②
「ぼんやりした子音」からの脱却

　まずは「お腹から発声することが重要」とお話ししましたが、もちろんそれだけで英語らしい発音になるわけではありません。ここでは日本人が苦手としている（またはそう思い込んでいる？）子音の話をします。

　日本人が不得意な発音といえば、[r] と [l]、[th] などの子音を取り上げるのが定番です。映画 *Lost in Translation* では、主人公の部屋を訪れた売春婦の女性が rip（裂く）と lip（唇）を言い間違えるシーンがあり、話題となりました。

　しかし著者の長年の経験から申し上げると、[r] や [l]、[th] の違いはさほど問題ではありません。（問題でないというと語弊がありますから、日本人が思っているほどには問題がない！と言い換えましょう）

　子音を正しく発音することが重要なのは間違いありませんが、その音を含む単語を単独で発音するとき以外は―つまりセンテンスの一部として発音する場合は、相手は文脈の中で意味を判断します。ですから、そうそう間違って受け取られることはありません。

　たとえば、ときどき she［ʃiː］の音を see［siː］のように発音する人がいます。聞き苦しいので私はいつも注意しますが、一度ついた癖はなかなかとれないようです。ただし、もしあなたが **She is my teacher.** の文中の **She** を **See** のように発音しても、誰も **See is my teacher.** と言っているとは思いません。

文法的にも、意味的にも、そのような英語はありえないからです。
（この人は外国人なんだな、と思われるだけです）

　何が言いたいかというと、もしあなたが同じような間違いをして
いたとしても、それほどまでに気にしなくてもよいのです。英語は
母語ではないのですから、知識としてわかっていながら現実の場面
でときどき間違うのはあたり前です。（そのような心理的な問題に
ついては、のちほど触れます）

　子音の間違いや勘違いに関しては、英語の上級者と思われている
通訳訓練生でもよくあります。彼らのほとんどは耳から英語を聞い
て育っていますが、100％正しく音をマスターしているわけではあ
りません。彼らのように人に英語を聞かせる立場の人たちには、私
は「聞きやすさ」の観点から注意するようにしてきました。

　とくに、「単語の頭に来て母音と結合する子音」（86ページの **go** /
shopping など）に対しては、はっきり発音するように指導します。
なぜなら、単語の頭の子音がぼんやり発音されると、全体的にメリ
ハリがない、聞きづらい英語に聞こえてしまうからです。これは、
一般の英語学習者にも当てはまります。

　そのような例として、著者が本書でとくに取り上げたいのが、単
語の頭に来る［**w** / **v** / **f**］の音です。「なんだ、わかっているよ、日
本人が苦手なあの音たちだな……」とみなさん頷いておられますね。

　日常会話の中でこれらの子音が頭に来る単語はとても多く、それ
らをしっかりきちんと発音しないと、外国人にはわかりにくいこと
が知られています。これを逆手にとると、これらの音をマスターす
るだけで、あなたの英語は今よりかなり聞きやすくなるのです。

発話する力　Chapter 3　89

まず、[w] からいきましょう。この音はかなり努力しないと正しい音が出ません。

　まずは、思っている以上に唇をすぼめながら、「うー」と前面に突き出します。そして、あとに来る母音とともに思いきり発音します。そのときにお腹に力をぐっと入れることも忘れないでください。次の単語で練習してみましょう。

wax / what / water / whale
win / window / wimp / which / wheel
when / where / whether
wolf / worry

　（ついでに……少し寄り道ですが）同じく、あらかじめ唇を丸め、おちょぼ口にしてから発音するとうまくいくのが、単語の頭に来る [r] です。[w] と同じような感じですが、そのときの「うー」は無声でお願いします。

right / ring / rip / rain

　どうでしょう？ [r] の音が不得意な方には、ちょっとした目から鱗ではありませんか？　口の形をあらかじめ準備しただけで、はるかに言いやすいことがおわかりになったと思います。

　次に、[v] と [f] の音です。両方とも下唇を噛みながら発音します。下唇をしっかり噛んだ状態で（噛み過ぎて唇を切らない程度に！）、思いきりはじけるように発音してください。次の単語で練習しましょう。

vase / vale / vacation
vivid / victory / vicious
vendor / Venice / vending machine

fax / factor / factory
fix / fit / fifth / filthy
fork / forest / foreigner

　なお上記の例は、すべて子音が母音と結びつき、単語の頭に来ています。**fly** など別の子音と隣り合わせの場合や、**fantastic** など第1音節以外にアクセントがかかる場合は、ふわっと軽く発音しないとかえって聞きづらくなるのでご注意ください。

　いくつか［w］［r］［v］［f］で始まる単語が入ったセンテンスをご用意しました。あらかじめ、唇を言いやすい形に準備してから、丁寧に発音してみましょう。

Do you <u>w</u>ant me to open the <u>w</u>indow?
<u>W</u>ould you tell me <u>w</u>hen you are leaving tonight?
I'm <u>w</u>ondering <u>w</u>hat you are thinking <u>r</u>ight now.
You <u>w</u>ill <u>f</u>ind the hotel on your <u>r</u>ight.
I <u>f</u>ound your <u>f</u>ilthy jacket under the bed.
I hope your <u>v</u>isa is still <u>v</u>alid.
Have you called your <u>v</u>endor about a meeting in <u>V</u>enice?

　さて、メリハリのない英語のもうひとつの原因は「曖昧な母音」です。次のセクションでご説明しましょう。

発話する力　Chapter 3　　91

発音攻略③
「曖昧な母音」からの脱却

　著者がかつて学生だった頃、同時通訳のクラスにたびたび指導に来ていた通訳者の先輩から、次のような注意を受けました。早口の政治家のスピーチを影のようについていく、シャドーイングという練習をしていたのですが、私の「母音」が曖昧で聞きづらいというのです。

　そこで自分の声を録音したテープを再生してみると、(早口になっているため口の形が十分に追いつけていないのでしょうか……)確かに母音が曖昧に聞こえます。そのためか全体にメリハリがなく、何を言っているのか聞きづらい印象がありました。

　母音は知識としてしっかり身につけていたつもりでしたが、早口になると事情が変わります。ネイティブのように唇や口内の筋肉がしっかり鍛えられていないために、母音が曖昧になってしまっていたのです。

　つまり、「曖昧な母音」は「ぼんやりとした子音」と同様、あなたの英語を聞きづらくさせている可能性があります。相手により通じやすくさせるためには、できるだけ母音の違いを意識して発音しましょう。

　ちなみに、米国の小学校1年生とその前の準備段階として設けられているキンダー(幼稚園の年長組のようなもの)では、フォニックスという発音方法を徹底的に教えます。

綴りと発音が完全に一致しない英語では、文字や、ある文字の組み合わせがどのように発音されるかをあらかじめ学んでおくことがとても重要だからです。フォニックスについては、Epilogue（161ページ）で詳しく解説します。

　著者はかつて米国ボストンの教師養成用の大学院に通い、授業でフォニックスを叩き込まれました。そのときにまず驚いたのは、たった5つの母音しかない日本語に比べ、英語の母音は細かく数えると20個以上あるという先生の言葉でした。

　しかし、たくさんある母音の中で日本人がとくに気を付けたほうがよいと著者が思う母音は、たったの5つです。それらを口の形に気を付けて正しく発音するだけで、英語全体がしっかりと、はっきりと聞こえるのです。

　次の単語をグループ別に説明します。〔　〕内の発音記号にご注目ください。それぞれが違う音です。これらの音は、「口の形」と「喉の開き方」によって差をつけることができます。

短母音のグループ
h<u>a</u>t〔æ〕
h<u>u</u>t〔ʌ〕
h<u>o</u>t〔ɑ〕

長母音のグループ
w<u>al</u>k〔ɔ:〕
w<u>or</u>k〔ə:r〕

注）発音記号には様々なものがあるが、本書では『リーダーズ英和辞典』（研究社）を参考にしている。

発話する力　Chapter 3　　93

どの母音にも共通するのは、「喉の奥を開き加減」にして（単語によってはかなり大きく開いて）発音することです。これを基本と考えてください。

　それぞれの音の違いを作るのは、次に説明する「口の形」です。

　hat は口を左右に大きく広げ、顎を下げながら「アー」と発音します。口が疲れるなと感じるほどに大きく開けてください。**bag** / **cat** / **nap** などを同じような感じで発音してみましょう。

　hut はほとんど口を開けずに軽く「あっ」というように発音します。「あっ、そうそう」の「あっ」の音がよく似ています。**cup** / **bus** / **tub** などで練習しましょう。

　hot は口を大きく開け、喉の奥を縦に開くような感じで（風邪で喉をやられたときに、お医者さんに「もっとよく見せて」と言われて喉を大きく開いて見せるときの要領です）。「はぁっと」のように発音します（このとき、アメリカ英語は「はぁ」に近く、イギリス英語は「ほぁ」に近くなります）。**mop** / **top** / **cop** などを同じように発音してみましょう。

　３つの音の違いがわかったら、**hat → hut → hot** を１セットとし、違いを意識しながら、何度か繰り返して発音してみてください。

---

hat → hut → hot　　hat → hut → hot　　hat → hut → hot

次に、**walk** と **work** の違いを説明します。この 2 つは、音を長く伸ばす長母音です。

　walk は口を大きく縦に開け、同時に喉の奥も縦に大きく開けるような感じで、明るく発音します。

　work は口を左右に広げ、少し音がこもる暗い感じで発音します。ちなみに、同じ音を持つのは **bird**〔əːr〕、**curd**〔əːr〕などです。

　この 2 つを混同してしまう人は意外に多いようです。**I want to walk.**（歩きたいです）と **I want to work.**（働きたいです）ではまったく意味が違いますから、これらはしっかり区別しましょう。

　こちらも、**walk → work** を 1 セットにして、母音の違いを意識しながら何度も練習してみましょう。

---

walk → work　walk → work　walk → work　walk → work

　いかがでしょうか。口がくたびれて、お腹の筋肉があとで痛くなりそうな気がしたら、しめたものです。表情筋を鍛えることにもなりそうですから、美容効果も望めます。ぜひ普段の練習でも意識してやってみてください。

発音攻略④
「日本語的リズム」からの脱却

　さて、日本人の英語の特徴といえば、もうひとつあります。「日本語っぽいリズム」です。日本的なリズムとはどのような特徴があるのでしょうか。

●1単語に1拍のリズム
●強勢（ストレス）や高低のリズム（イントネーション）が少ない
●子音のあとに母音がつきやすい

　たとえば、次の例文を見てみましょう。

<u>What</u> are you <u>working</u> on?

　英語ではもっとも重要な単語にストレス（強勢）がかかります。ストレスとは、大きく長く発音することです。本例では、**What** と **working** が重要な単語ですから、この2つにストレスがかかるというわけです。

　対して、**are / you / on** などの単語はさして重要ではないので、小さく短く発音されます。「ストレスのかかる部分とストレスのかからない部分」があることによって、自然に強弱が生まれるわけです。

　英語は常に、強く長く発音される単語と、弱く短く発音される単語の組み合わせでできています。一方の日本語は、基本的にはひとつの単語に1拍ずつのリズムでできています。それを英語で再現す

ると（ちょっと極端に示しますが）、このようになります。

　ワァット（1拍）アー（1拍）ユー（1拍）ワーキング（1拍）オ
ン（1拍）？

　現代の日本でこのようにひどいジャパニーズイングリッシュを話
す方はまずいないと思いますが、1単語に1拍という日本語のリズ
ムが英語に影響しているのは間違いありません。

　また、拍のほかに、もうひとつ気が付かれた方はいませんか？
そう、「ワァット」、「ワーキング」の最後の子音です。本来は、無
声音の子音［t］、有声音の子音［g］で終わるはずの単語に、それ
ぞれ［o］［u］という日本語の母音がついているのです。

　これを「母音づけ」と呼ぶことにしましょう。

　この子音に母音をつけてしまう癖は、日本語の音がほとんど子音
と母音の組み合わせでできていることに由来しています。「カキク
ケコ」（**ka-ki-ku-ke-ko**）」「サシスセソ」（**sa-si-su-se-so**）」、ア
行以外はすべて子音と母音の組み合わせですね。

　たとえば **try / street** など、子音が2つ、3つ重なる単語の場合、
［**to-rai**］、［**s(u)to-rito**］のように、多少なりとも「母音づけ」で発
音する方を著者はたくさん見てきました。（通訳を志望する学生の
中にも、それで苦労している人がたまにいます）

　ほかにも、動詞の最後に来る **t** や **d** に［**o**］を追加してしまうと、
次の文に移る際にとても発音しにくくなります。次の2文では、下
線の部分がスムーズに発音しづらくなります。

発話する力　Chapter 3　　97

It was my ticke<u>t</u> <u>I</u> bought at the box office yesterday.

I've just learne<u>d</u> <u>t</u>hat my flight is delayed.

「母音づけ」を解決しないと、センテンスの中でひとつの単語から次の単語に移る際や、センテンスからセンテンスに移行する際に、いちいちつっかかる感じになってしまい、流れるように発話を続けることができません。

　流れるように話せないために、英語に対する自信がなくなり、話すのが億劫で嫌になってしまう人は案外います。英語特有の強弱をつける意味でも、「母音づけ」はなるべくやめましょう。

　なお、英語のアクセントやリズムについては、シャドーイングが有効ですが、これについては Epilogue の164ページで詳しく解説します。

発音攻略⑤
話すときはリラックスして、力まずに!!

　最後に、もうひとつ重要なことがあります。多くの日本人は発音を意識しすぎるせいで、口や体に力が入り過ぎています。しっかり子音や母音を発音するのはよいのですが、全体に力んでしまっては発話がスムーズにいきません。

　英語の発音は、繊細な筋肉の動きが勝敗を分けるスポーツのフィギュアスケートや体操と似ています。緊張したスケーターや体操選手は、本番でいつもどおりの演技をすることができません。普段は現れない筋肉の硬直が、難しい技を困難にしてしまうからです。

　誰でも母語を話すときには、緊張せずリラックスして話しています。かたや外国語を話すときは、誰でもみなある程度は緊張します。そのため、口内の筋肉、および体の筋肉が硬くなってしまい、いつもはスムーズにいくはずの発音や発話がスムーズにいかないことがあるのです。

　ここでの鉄則は、「肩から力を抜いてリラックスし、力まずに話すこと」です。英語の発音を練習するときは、肩の力を抜き、深く息を吐いて、体全体を一度脱力してからやるとよいでしょう。

エクササイズ10

「母音をはっきり！
エクササイズ」

　次のセンテンスを、5つの母音（下線部）の違いを意識しながら読んで練習しましょう。

My c<u>a</u>t is sick. I need to take him to the d<u>o</u>ctor.

A little b<u>ir</u>d came into our garden. We enjoyed w<u>a</u>tching her ch<u>ir</u>ping.

A m<u>a</u>n w<u>a</u>lked into our store. He bought h<u>o</u>t coffee and s<u>a</u>ndwiches.

How can you w<u>or</u>k so hard? You've been reading a book on J<u>a</u>panese c<u>u</u>lture for hours!

Can you fill the t<u>u</u>b with h<u>o</u>t water? But I don't like it very h<u>o</u>t.

エクササイズ 11

「リズムでメリハリ！
エクササイズ」

まずは深く息を吐き、リラックスしてください。

次の文をストレスの位置に気を付け、英語らしいリズムで読んでみましょう。

下線部にはストレスがかかります。少し長めに、やや強く読むところです。その他の部分は短く弱めに読みましょう。

How much <u>money</u> do you <u>have</u> in your <u>wallet</u>?

Is there <u>Wi-fi</u> at this <u>cafe</u>?

You can <u>put</u> your <u>hat</u> on the <u>table</u>.

My <u>husband</u> is <u>drinking</u> his <u>coffee</u>.

I'm <u>happy</u> to <u>help</u> you with your <u>homework</u>.

心理的要因①
英語に不利？ 日本人の謙虚さ

　英語のスムーズな発話を妨げているものとして、発音の問題があることがわかりました。しかし、発話を阻む原因はほかにもあります。それは日本人の性格的特徴が生み出す心理的な要因です。

　日本人は、たとえ自分がテニスの達人であっても、自分からうまいと言ったりしません。「いや、たいしたことないですよ」と謙遜したり、幾分の自慢が入ったとしても、「そこそこですよ」と言ったりします。（逆に日本人同士では、誰かが「そこそこ」と言ったら、おそらくかなり上手であろうとこちらは想像するわけです）

　それに比べて、欧米人は聞かれてもいないのに自分から下手だと申告する人はほとんどいません。たとえ何かが下手だとしても、それ自体が悪いことをしているわけではないし、「他人は他人、自分は自分！」と思っているからです。彼らの論理からすると、あえて言い訳する必要はないのです。

　日本人はいざ英語を話すとなると、こんな稚拙な英語を話して周りに迷惑なのではないか、（自分の反応の遅さのために）相手を待たせるのは悪いのではないかと、つい思ってしまう傾向があります。ほとんどの人が６年以上、学校教育を通じてしっかり英語を勉強しているのにもかかわらず……。

　世界では今、英語がコミュニケーションの中心にあり、その根底にあるものは、言葉で相手にしっかり意思を伝えることです。ある種の礼儀作法は存在しつつも、他人に自分の意見をはっきり言うこ

とは一人前の個人として当然のことと受け止められています。

　よくも悪くも、それが現在グローバル・スタンダードといわれるもの、正確に言うと「英語が話される社会」のスタンダードなのです。

　一方、日本では他人との関わりにおいて、自分を強く出すことはしません。相手の出方を見ながら、徐々に自分を出していきます。場の空気を読み、必要がないと感じれば、個人的な意見があってもそこでは黙っています。

　このような謙虚な行動を繰り返していくうちに、次第に自己肯定感も低くなる可能性があるのではないか、と著者は考えます。

　世界先進国の中で、日本人の若者はとくに自己肯定感が低いといわれています。平成26年度の内閣府の調査（日本を含む、先進7か国）では、日本人の若者の自分に対する満足感「自分自身に満足している」はたったの45.8%（vs. 米国86.0%、フランス82.7%、韓国71.5%）、自分への自信「自分には長所がある」は、日本人68.9%（vs. 米国93.1%、フランス91.4%、韓国75.0%）ということで、こちらも最低です。

　上記は若者（満13〜29歳）を対象にしたデータですが、これは多少なりとも日本人全体に当てはまる傾向かと思います。英語が下手ではないのに下手だと思い込む、自信を持つべきなのに自信がない。そのような傾向は日本人が世界でもダントツです。過度な謙虚さは英語の上達を阻む、と言っても過言ではありません。

発話する力　Chapter 3　　103

心理的要因②
他人を気にすることが英語下手を招く

　もうひとつの心理的要因は、他人との関係性です。外国人と１対１なら意外と勇気を出して話せるのに、複数の日本人が同席すると遠慮して話せなくなる人はいませんか？　そこでフリーズの起こる人は案外多いと思います。

　これには、相手にどう思われるかを気にする日本人の性格が大きく影響しています。ベラベラ上手に話すと周りに嫌われてしまうのではないか？　下手な英語を話して周りに軽蔑されてしまうのではないか？　他人との関係性を重視する日本人は、常に周りの目が気になります。

　実は、英語が得意なはずの帰国子女にも、この傾向は当てはまります。海外から帰国してしばらくは上達した英語を遠慮なく披露できても、少し時間が経つと、だんだんと周りの目が気になってきます。

　だからといって、上手になった英語を下手に話すわけにもいかず、唯一の選択肢はできるだけ目立たないように小さな声で話すことになります。私がかつて教えた帰国子女の中には、蚊の鳴くような声で英語を話す学生が結構いて、いったいどうしてなのかといつも不思議に思っていました。

　しかし、どうやら原因は次のことにあるようです。目立ちたくない、「上手なはずなのに意外に下手だ」と周りに思われたくない、などの様々な思惑が、せっかく身につけた英語が生かされる機会を

奪っていたのです。

　この傾向は、心理学によく出てくる「プリベンション志向」という考え方に似ています。「まわりの人たちから嫌われたらやっていけないのではないかという不安から、他人から嫌われたり、社会関係を失わないことだけに気をとられてしまっている人たち」が最近増えているのです（『リスクに背を向ける日本人』山岸俊男・メアリー・C・ブリントン p46）。

　それは、日本社会全体のイノベーションを妨げているといっても過言ではないでしょう。他人とは違ってよい、それぞれに個性があって当然だ、というメンタリティが小学校の時点から発達していかないと、大人になってからも他人を常に意識した行動しかとれなくなってしまいます。

　英語から学べることは、言語的な知識以外にたくさんあります。世界の人はどのように考え、どのように振る舞っているか。どうして言葉ではっきり伝えることが重要なのか、などなど。

　一方、英語を通じて日本人の良さにも気づくはずです。他人を思いやる心、自分が自分がと出しゃばらない謙虚さ、場の空気を読む大切さ。

　英語社会の良さ、日本人社会の良さ、これらを巧みに使い分けることが、これからのグローバル社会を生きる日本人には大切なのではないでしょうか。

発話する力　Chapter 3　　105

心理的バリアを取り除く方法

　日本人は英語のできる人（とくに話せる人）を尊敬し、持ち上げる傾向があります。著者自身も英語が話せることで仕事面ではずいぶん得をしてきました。一方、日本のマスコミは、日本人が英語ができないことを、まるで大きな欠点であるかのように扱う傾向があります。

　しかし、英語ができること（とくに話せること）は、それほどまでに「たいしたこと」でしょうか？　たとえば平均3〜5か国語くらい話せる北欧の人から見たら、英語を話せるか、話せないかくらいで何を騒いでいるのだ！という感覚だと思います。

　以前、北欧デンマークの方に、なぜそれほど巧みに数か国語を操れるのかと尋ねたら、彼女はこう答えました。小国で、周辺国との政治・経済における相互依存度が高い。人々の行き来も盛ん。英語や他の言語を話せることがビジネスでも日常でも必要。とくに世界共通語である英語は国を挙げてその教育に熱心だと。

　もちろん彼らの英語が上手いのは、それだけが理由ではありません。何といっても、英語と他の西洋語は言語的なルーツが近く、文構造や音韻面でよく似ています。日本人が英語を話す苦労と彼らの苦労は、同じ尺度では比較できないのです。

　いずれにしても、英語習得に不利な条件や環境に取り囲まれている我々は、なかなか英語をマスターできないため、つい英語をなにか特別なものとして扱いすぎる傾向があります。

しかし、よく考えてください。極端にいえば、英語圏に一定期間住めば馬鹿でも（失礼！）ある程度英語は話せるようになります。英語の上手な人を必要以上に持ち上げたり、羨ましがったりするのはやめましょう。そういった傾向がなくなるだけで、英語への心理的なバリアは減るのではないかと思います。

　最後に、心理的バリアを無くす一番よい方法は、何と言っても海外で実際に現地の人と触れ合うことです。

　仕事の都合で長期休暇が取れないなら、１週間だけでもいいです。ここで重要なのは、日本語を決して使わないこと！　グローバル化が進み、どこへ行っても日本人がいないところを探すのが難しい今日ですから、「意識して日本語を使えない状況を作る」ことが英語上達の鍵となります。

　私はかつて短期留学をする学生たちにこう言っていました。現地で日本人と一緒のときは、お互いに約束を取り決めること。ある時間帯だけは英語で話そう、日本語は厳禁！と決めましょうと。その代わり、約束の時間が過ぎたら日本語に戻って少しほっとしましょう。それくらいの気楽さが長続きの秘訣です。万が一それがうまくいかないときは、外国人を仲間に入れましょう。ひとりでも日本語を理解しなければ、自然と皆が英語を使うようになるからです。

　英語初心者の場合はとくに、英語圏ではない国から来た人を仲間に入れると気分が楽になります。相手の英語も拙いため、自分の英語が下手だから相手に悪いという意識が消えます。そしてお互いに拙い英語でコミュニケーションを繰り返すうちに、英語を話すことはちっとも怖くないと思うようになるのです。みなさんもぜひこの方法を試してみてください。

コラム④
英語は早く始めるほどよいのか？

　みなさんは、「言語の臨界期」という言葉を耳にしたことがあるでしょうか？

　言語習得の分野では様々な実験の結果、10歳くらいまでを外国語を学ぶのに適する年齢とし、それ以降は学習の成果が出にくくなると報告しています。この臨界期説は、人によって12歳くらいまでを含めるなど、考え方は様々ですが、発音に関しては6、7歳が限度という説もあります。

　中学で初めて英語に触れるのでは遅いから、それ以前に始めたほうがよいという考え方が最近の主流となっていますが、果たしてそれは正しいのでしょうか？

　この議論に関しては、2つの意見が対立しています。

　ひとつは、日本語をしっかり身につけ、日本語を介して物事を認識、理解できるまでは外国語は入れないほうがよいという考え方です。12歳まではひとつの言語で考えないと、将来論理的な思考ができなくなると唱える人もいます。

　一方、両親が異なる言語を話し、そのどちらの言語も話されない国で育つ子供もいます。その子は家では2か国語を話し、学校では異なる言語を習得することになります。マルチリンガリズムを信奉する人たちは、どのような環境でも子供はそれなりに適応すると自信を持っています。つまり英語はいつから始めても害はなく、むしろグローバルな子供を育てることになるという考え方です。

　そこで著者はこう考えます。本書でもご紹介しているように、英語は体験的に学ぶのがベストです。たくさん触れるほど英語の定着率はよくなり、吸収率は子供の頃ほど高いです。

　ですから結論としては、英語を早くから学ぶことに賛成です。むしろ現場の取り組みをしっかりすることが重要だと思います。先生の英語指導力を強化したり、補助の先生（お母さんでもよいと思います）をつけたり、誰でも使える教材を充実させたり、今からやれることはたくさんあります。

Chapter 4

対応する力

いよいよ最後の章となりました。これまでの章では、必要とする語彙を少しでも早く思い出し（Chapter 1）、状況に応じて適切なセンテンスに組み立て（Chapter 2）、自信を持って発話する方法（Chapter 3）について考えてきました。本章では、相手との会話の中でどう対応していくか、その対策を探ります。

会話の要は「対応する力」

　準備が整ったら、いよいよ実践です。今まで学習したことをフルに活用して会話するという、最終ステージです。

　言うまでもありませんが、会話には必ず相手がいます。その人（たち）と上手に、スムーズに会話を交わすことに長けている人は、コミュニケーションにおける対応能力が高いといえます。

　日本語でのコミュニケーションでもそうですが、言葉や文化の異なる日本語・英語間では、毎回理想通りに会話が運ばれ、こちらの都合よく相手が反応してくるわけではありません。せっかく入念に準備・練習をしていっても、相手の返答しだいではこちらの出方を大幅に変更しなければならないことはよくあります。（なかなかハードルが高そうですね……）

　しかし、そのような困難が予想される異文化間のコミュニケーションにおいても、できることはたくさんあります。本章では、会話をスタートできたものの、その後の対話が続かない、想定したような流れにならないとお困りの方へ、いくつかの対策をご提案します。

　この問題を整理し、具体的に書いてみたのが、次の１〜６です。

1．相手の話題に興味を示す方法がわからない。

2．言葉が続かず、会話の主導権を奪われてしまう。

3．わからなくても、わかったふりをしてしまう。

4．相手の意見に反対でも、反対意見を述べることができない。

5．相手の気持ちが読めず、場違いなことを言ってしまう。

6．こちらに不利な話題（や状況）になったとき、その流れを
　変えられない。

　みなさんは、上のどれかに当てはまってはいませんか？　日本人であれば、誰しも多かれ少なかれ、上記の問題は抱えているはずです。なぜなら、これらの問題が私たちの文化と大きく関わっているからです。

　どうしたら「対応する力」をアップさせることができるのか？それぞれの問題に対し、ひとつひとつ対策を考えていきましょう。

対応する力を高めるコツ①
相手の話題に興味を示す！

　会話をうまく進めるコツは、何といっても相手の話に興味を持つことです。

　人は相手が自分の話題に興味がなさそうだなと感じると、その話題について話すのをやめるか、そのまま会話を続けることに興味を失うか、のどちらかです。

　逆に、相手の興味や関心を感じるときには、人は会話に積極的に参加し、その会話をなんとか成功させようという気持になります。

　ところが、日本人の多くはそこに問題があるのです。

　我々日本人はもともとシャイな国民です。英語で話さなければならないという高いハードルに加え、声のトーンや表情を使って相手に気持ちを伝えるのは得意ではありません。

　心の内ではその会話に興味があっても、それを相手に伝えられなかったり、ニヤニヤするだけで言葉が出ず、相手にあらぬ誤解を与えてしまったり……そのような失敗は意外に多いものです。

　相手の話題への関心や興味を伝えるためには、次の３つの「リアクション活用法」があります。

> 1．相槌を打つ。
> 2．共感を示す。
> 3．目つきや表情、態度で示す。

　ここでももっとも重要なのは、「時間を置かず、一瞬の判断でこれらのどれか、または全部を実行する」ことです。

　日本人の多くはすぐに反応したり、即答したりするのが苦手です。間違っていたらどうしよう、あとで意見が変わるかもしれない……など極度に慎重になるからです。しかし、すぐに反応しないのは得策ではありません。

　最悪の場合、あなたがすぐに反応できないのは、頭が悪いのではないか？　意思が薄弱なのではないか？──と相手に判断されてしまいます。

「そうは言われても、実際には難しいんだよな……」とあなたは思うかもしれません。文化的な価値観、癖や習性を変えるのは大変なことですから、その悩みは著者にもよくわかります。

　でも、先に挙げた３つの方法とちょっとした意識改革を行うことで、この問題はある程度解決できるのでないかと思います。それでは具体的な対策に入りましょう。

相槌を打つ

　相槌とは、自分の意見を表明するのではなく、とりあえず相手

対応する力　Chapter 4

の会話に調子を合わせるときに使う、短いフレーズのことです。

　日本人は相槌の代わりによく首を縦に振る動作をしますが、海外ではあまり見かけません。たまに振ることがあっても、何らかの言葉や音声をともなうことが多いのではないかと思います。

　相手のコメントに対して無言であるのと相槌を挟むのとでは、相手に与える印象が大きく変わります。簡単な相槌を聞くだけで、相手はあなたが自分の話に興味があると感じるからです。

　次の会話の中では、下線部が相槌です。

A **Do you know how to bake a good pie? Cool the pie crust in the fridge for 30 minutes before it's baked.**
B <u>**I see.**</u>

A **Meryl Streep said in her speech, "Disrespect invites disrespect. Violence invites violence."**
B <u>**She did!**</u>

A **Yuzuru Hanyu has withdrawn from Japan's national championships due to influenza.**
B <u>**Really?**</u>

共感を示す

　共感とはそもそも相手の意見や気持ちに同調することを指しますが、ここではむしろ、「相手の気持ちになってみる」という意味です。（英語の **put oneself in someone's shoes** などがぴったりな

表現かもしれないですね）

　共感を示す場面はいろいろあります。役に立ちそうなフレーズを、状況がポジティブな場合とネガティブな場合、どちらにも使える中立的な表現の3つに分けて考えてみました。

★ポジティブな状況に対して

- **That's good.**
- **That's great.**
- **It's amazing!**
- **Good idea.**
- **Great news!**
- **Good for you!**
- **I'm happy for you.**

★ネガティブな状況に対して

- **I'm sorry (to hear that).**
- **That's too bad.**
- **That's terrible.**
- **Unbelievable…**
- **I know how you feel.**

★（どちらにも使える）中立的な表現

- **Right!**

対応する力　Chapter 4

- You're right!
- That's true.
- I think so, too.
- Absolutely.
- Definitely.

目つきや表情、態度で表す

　言葉の問題よりはるかに難しいのが、目つきや表情、態度です。言葉は覚えれば何とかなりますが、普段の表情やしぐさは即座に改善できるものではありません。一生懸命頑張っても、顔の彫りが比較的浅い（？）日本人は西洋人ほど豊かな表情が出にくいという問題もあります。

　しかし、最近の日本人は昔の日本人より表情が豊かになってきています。派手なリアクションをしても、昔ほど周りから白い目で見られなくなってきたのではないでしょうか。

　表情の乏しい人、最近表情筋や口元が硬くなっている方は、どうやったら硬さがほぐれ、豊かな表情がつくれるか、鏡を見て毎日練習することをお勧めします。

エクササイズ 12

「ショートリアクション・
エクササイズ」

　次ページの例文を読み、それに対して適切と思われる相槌や共感のフレーズ（**SP=short phrase**）を入れてみましょう。

　時間をかけず、瞬時に反応してください。

　余裕がある方は、それに続くセンテンス（**LP=long phrase**）も考えてみてください。

　LP は **SP** との間に時間を置かず、できるだけ瞬時に発話してください。

対応する力　Chapter 4　117

例文1

Diana: My boss just assigned me to a project manager. I'm so happy.

SP: (   )

LP: (   )

例文2

John: Oh, no! My watch is broken again. What shall I do?

SP: (   )

LP: (   )

例文3

Mary: I've lost my glasses. I wonder where they are.

SP: (   )

LP: (   )

例文4

Daniel: I'll invite you and your wife to our wedding in October.

SP: (   )

LP: (   )

解答例1

SP:（Good news, Diana!）

LP:（Your boss knows you've been working so hard.）

解答例2

SP:（That's too bad.）

LP:（Perhaps it's time to get a new one, John!）

解答例3

SP:（Have you?）

LP:（Oh, they're on your head.）

解答例4

SP:（That's great!）

LP:（Unfortunately, we'll be away in France during the whole month of October.）

例文5

Kate: What a beautiful sky. I love California in the summer.

SP: (   )

LP: (   )

例文6

Matt: My wife isn't talking to me. She's angry because I was late
last night.

SP: (   )

LP: (   )

例文7

Yoko: I'm not sure if my client likes my design. What if they don't
like it?

SP: (   )

LP: (   )

解答例5

SP:（Exactly!）

LP:（In Japan, we have hot and muggy weather around this season.）

解答例6

SP:（I'm sorry to hear that.）

LP:（How about buying her some flowers? Do you know what kinds of flowers she likes?）

解答例7

SP:（Don't worry.）

LP:（It's such an excellent design. How could they dislike it?）

対応する力を高めるコツ②
会話の主導権を奪い返す

　日本人の多くは英語コンプレックスが強いせいで、普段は堂々としている人でも、英語を話す場面になるとそわそわしたり、焦った態度をとる人が少なくありません。

　先にも述べたとおり、謙虚な日本人は自分が話を終えるまで相手に待ってもらうのは失礼だとつい思ってしまいます。それで必要以上に焦ってしまうのです。それから、相手に途中で割り込まれると会話を諦めてしまうこともよくありますね。（これは、大変もったいない！）

　しかし、これらはすべて解決できます。

　自分が話す順番になったら、「今は自分が話す番だ！」という堂々としたオーラを発してください。そのとき重要なのは、下を向いたり、相手から目をそらしたりしないことです。相手の目をしっかり見て、ゆっくりと、大きめの声で堂々と話すこと。それが重要です。

　それでも相手が図々しく会話に割り込んできたり、一方的に話し続ける場合は、片手や両手の掌で相手の動きを抑えるジェスチャーをしながら、次の「ちょっとだけ黙ってもらうフレーズ」を使いましょう。

(Please) Wait a minute.
(Please) Hold on.
Could you stop for a moment?

　すると、相手は一瞬びっくりして話をやめるでしょう。そうしたら、すかさずこのように言いましょう。

Can I talk now?（私が話したいのですが……）
Can I go on?（話を続けていいですか？）

　それでも鈍感な相手には、このように言っても構いません。

It's my turn (to talk).（私の話す番です）
I'm still talking.（まだ、話しているのですよ）
Please hear me out.（最後まで、ちゃんと聞いてください）

　英語が話される社会では、自分の意見を言う権利が尊重されると同時に、相手の意見に耳を傾ける態度も重要なマナーのひとつです。文化によってはそのようなマナーを無視する人々もいますが、国際社会の一員として、我々日本人もときにはマナーの大切さを相手に伝えることが重要だと思います。

対応する力を高めるコツ③
わからないときは、
わからないと伝える！

　これも謙虚な日本人が陥りやすい罠です。日本人の多くは、話の途中で「わからない」と表明するのは相手に失礼だと思っています。だから途中で口を出すことは、めったにしません。

　ところが、こんなこともあります。ある日本人が微笑みながらフンフンと頭を縦に振っているので、相手の外国人はこの人が内容をわかっているのだろうと思っていました。しかし、すぐそのあとに当の日本人からチグハグな回答が返ってきてびっくりします。日本人は話をほとんど理解していなかったのです。

　英語を話す文化では、「わからないときは、わからないとはっきり言う」のが原則です。肝に銘じておきましょう。

　ただし、相手が流暢に話している間、割り込むタイミングを掴むのは難しいですよね（正直、この私でも難しいです……)。

　それを打開するには、前のセクションでお話ししたように、「相手の目をしっかり見て、目つきや表情で訴える」ことが重要です。よほど鈍感な相手でない限り、不可解な顔をしていれば、相手は必ず気づくはずですから。

　それでも相手が気づかない場合は、失礼と思っても一度相手の話を遮って、「わからない」と伝えましょう。遮る言葉は「対応する力を高めるコツ②」のときと同じく、**Wait a minute. / Hold on.** で大丈夫ですが、次のような言い方もできます。

Sorry to interrupt (you). （途中で遮って、ごめんなさい）

　それを言うのも難しいようなら、遮るジェスチャー（122ページを参照のこと）をしながら、

Excuse me ！

　と大きな声で相手の注意を喚起してください。（**Excuse me.** のあとに名前を呼ぶとなおいいですね。**Excuse me, John!** のように）

　そこで相手が話を止めたら、しめたものです。次はこのように説明すればよいのです。

I don't understand what you are talking about. Could you speak more slowly?
（おっしゃっていることがよくわかりません。もう少しゆっくり話してもらえますか？）

I think I'm lost. Could you explain it once more?
（話がわからなくなってしまいました。もう一度、ご説明願えますか？）

　どうでしょう？　自信がついて、次回はうまくいきそうですか？そう思ったら、すぐに実践してみてくださいね。

対応する力　Chapter 4　　125

対応する力を高めるコツ④
反対意見を言うには
ちょっとした工夫を!

　和を貴ぶ日本人は、相手の意見に「ノー」とはっきり言うのは悪いとつい思ってしまいがちです。実際に相手と意見が違っていても、反対意見をストレートに表明することには躊躇する方が多いのではないでしょうか。

　ここで誤解のないように言っておきますが、歯に衣を着せず、ストレートに物を言うと日本人が信じがちな英語社会の人たちも、そうそう無遠慮に発言するわけではありません。

　英語が話される社会では、(そのあとにどんなに熾烈な議論を戦わせることになろうとも) いきなり反対するのではなく、「まずは相手を立てるのが礼儀」という、紳士的な考え方が尊重されます。

　具体的には、「対応する力を高めるコツ①」でお話ししたような共感の言葉を使い、相手の心をいったんほぐします。それから、自分が主張しようとしている本題へ移行するのです。たとえば、こんな例はどうでしょう。

　── 同僚の David が新しい企画について自慢げに話しました。あなたは心の底ではその企画をあまりよいと思っていませんが、次のように反応します。

That's great, David. But I also have a good idea. Do you want to hear about it?

（デイビッド、それはすごいね。でも私もいい案があるのよ。聞きたい？）

　ミソは、先に David のアイデアを褒めること（下線部分）です。二枚舌のようでもありますが、誰でも褒められたら悪い気がしないという人間の本性を利用した作戦といえましょう。褒められて気をよくした David は、すぐあとにあなたが別の意見を展開するにしても、素直に聞く耳を持つでしょう。

　もうひとつの例です。会議中に同僚の Kate が意見を述べ、あなたがその意見に反対なときは、どう言ったらよいでしょうか。たとえば、こんなふうに答えられます。

I know what you mean, Kate. But if I were you, I might see it in a slightly different way.

（ケイト、君の言ってることはよくわかるよ。でも僕が君なら、ちょっと違う見方をするかもしれないな）

　つまり一度は共感を示す表現を使い、相手を肯定するわけです。しかも 2 番目の例では、肯定表現のあとストレートに言わず、仮定法を使っています（**If I were you, I might see it**…）。

　仮定法は何かが現実に反する場合に使うと習っていると思いますが、表現を少し和らげたいときにも使います。実は、英語にも遠慮や謙虚さを示す表現はたくさんあります。仮定法もそのひとつです。

　このようにやんわりと言われた Kate は、自分が真っ向から否定されたとは感じません。ですから、そのあとの会話はおそらくス

ムーズにいくことでしょう。

いったん、相手の意見や立場を認めるフレーズには、次のような
ものがあります。

You're right.（そのとおりですね）
I agree with you.（あなたの言うことには賛成です）
That's a good (great) idea!
　　（それはいい（素晴らしい）考えですね！）
I like your idea.（よいお考えですね）
I know what you mean.
　　（おっしゃっていることはよくわかります）
I understand how wonderful it is.
　　（それがすごいって、よくわかります）

ついでに申し上げると、英語社会では **Thank you.** という言葉を
よく使います。どんなときでもこの言葉が人を癒やす「魔法の言葉」
であることを、彼らはよくわかっているからです。とくに、何かを
否定したあとに使うと効果があります。

I don't want any tea now. But thank you for asking.
（今はお茶は欲しくないです。でも聞いてくれてありがとう）

I don't need your help right now. But thanks anyway.
（今は助けてもらわなくて大丈夫。でも聞いてくれてありがとう）

日本人はこのフォローのひと言が足らず、失礼な人だと誤解され
てしまうことがときどきあります。誰かに何かをオファーされたと
き、必要なければはっきりお断りしてよいのですが、必ず **Thank
you.** のひと言をつけ加えましょう。

128

エクササイズ 13

「模擬ディベート・エクササイズ」

ディベートのように、例文の発言に対して反対意見
（OS=opposing statement）を述べてみましょう。

ただし、最初に何かしら肯定するフレーズかセンテンス
（AP=affirmative phrase）をつけ加えてください。

今回も時間を置かず、瞬時に対応するように心がけてください。

例文1

Mary: Donald is a nasty person. I don't like him very much.

AP: (   )

OS: (   )

例文2

Ted: I think you should buy a round-trip ticket. It's cheaper.

AP: (   )

OS: (   )

例文3

Nancy: I like our new boss. He's less demanding than our previous boss.

AP: (   )

OS: (   )

例文4

Risa : George has been promoted again. I can never surpass him.

AP: (   )

OS: (   )

解答例1

AP:（I agree.）

OS:（But he can be nice sometimes. He is kind to the elderly.）

解答例2

AP:（You're right.）

OS:（But I just need a one-way ticket, since I don't know when I
　　will come back.）

解答例3

AP:（I know what you mean.）

OS:（But I like our previous boss better. He had better
　　management skills.）

解答例4

AP:（I know how you feel.）

OS:（But don't compare yourself with someone else. You have
　　so many good points.）

例文5

Hiro: I think *Rogue One: A Star Wars Story* is the greatest movie
　　　I've ever seen.

AP: (　　　　　　　　)

OS: (　　　　　　　　　　　　　　　　　　　　　)

例文6

Tom: China's economic growth is so fast. It will become the
　　　world's No.1 economy in the near future.

AP: (　　　　　　　　)

OS: (　　　　　　　　　　　　　　　　　　　　　)

例文7

Risa: The government should increase the number of daycare
　　　facilities, because there are more young mothers who are
　　　willing to work.

AP: (　　　　　　　　)

OS: (　　　　　　　　　　　　　　　　　　　　　)

解答例5

AP:（That's right.）

OS:（But I think the story is not as exciting as the other Star Wars movies.）

解答例6

AP:（You're right.）

OS:（But in this unstable world economy, you never know what's going to happen. India might become No.1 instead.）

解答例7

AP:（Definitely.）

OS:（But there's another problem. The question is whether they can raise the wages of daycare teachers up to the national standard.）

対応する力を高めるコツ⑤
情報収集と人間観察が役に立つ

　はじめにご紹介するのは、ある老夫婦の会話です。

（湯呑みを差し出しながら）
夫：ばあさん、お茶が飲みたい。
妻：えっ、腰が痛い？　それは大変！

（テレビ画面を指さしながら）
夫：この女優、誰だっけ？　名前が思い出せないなあ。
妻：入れ歯がどこにあるか思い出せない？　それは大変！

　二人の会話がかみ合っていないのは一目瞭然です。耳が遠いからだけでなく、どうやらおばあさんがおじいさんの行動を確かめずに反応していることが原因のようです。

　実は、おばあさんはまったく根拠のないことを言っているのではありません。前日におじいさんは腰が痛いと言っていたし、今朝入れ歯がないと騒いでいたし……それらを思い出しながら、おじいさんが言っていることを想像したのです。

　人間は、相手の言葉が少しくらい聞こえなくても、相手の話が下手で真意が掴みづらくても、状況や一般知識、過去の経験から相手が何を言っているかを「推測する力」を持っています。

　通訳者の場合、スピーカーの声が小さくて聞きづらかったり、スピーカーが突然テーマから逸脱して勝手な話をしだすことはよくあ

りますが、いったいどうやって彼らはその問題に対処しているのでしょうか？

　そのようなときにも、ベテラン通訳者が慌てずに通訳を続行できるのには訳があります。事前に調べておいた、スピーカーに関する知識や情報を頼りにしてわからない部分を推測するのです。

　スピーカーの著書、過去のスピーチ、経歴、ネットでの発言、趣味や食べ物の好みなど、そのような知識があるだけで、（もちろんすべてはカバーできないものの）ある程度は対応できます。

　ビジネスの場面でも同じです。たとえばアメリカ本社から社長が突然来日したとします。急なのでこちらとしては結構慌てますが、もしも社長の経歴や趣味、日頃の評判などの情報が直前に確保できていれば、ずいぶんと気が楽になるはずです。

　万が一、急に社長の話を通訳しなければならないことになっても、社長の普段の行動や発言がわかっていれば、（英語は100％理解できないにせよ）およそ言わんとしていることが想像つきます。（また落ち着いた気持ちで話を聞けるので、リスニングで英語を聞きもらすリスクも減ることでしょう）

　ここでは、「事前の知識や情報があなたを救う！」と覚えておきましょう。

　一方、先ほどのおじいさんとおばあさんの会話では、おばあさんがおじいさんの「動作」（湯呑みを差し出す、テレビ画面を指さすなど）に注意を払ってさえいれば、誤解は生じなかったと思います。人の動作や顔の表情などは、そのときの願望や気持ちを代弁していることが多いからです。

対応する力　Chapter 4　135

ひとつの例として、次の**Yuta**と**Elizabeth**の会話を見てみましょう。

　——仕事先から事務所に戻ってきたYutaは、同僚のElizabethの顔色がひどく悪いことに気がつきます。

Yuta: **Hi, Elizabeth! What's up? You look a little pale.**
Elizabeth: **Well…, I couldn't sleep well last night. I'm feeling a little sick.**
　　　　　（**Elizabeth**は下を向いて憂鬱そう……）

Yuta: **I'm sorry to hear that. Is there anything I can help you with?**

（**Elizabeth**はちょっと嬉しそうに顔を挙げる）
Elizabeth: **Thanks, Yuta! Then, could you take this file to my boss?**
Yuta: **No problem! I hope you feel a little better.**

　著者の見立てでは、Yutaは優秀なコミュニケーターであると同時に、優れた人間観察者です。

　まず、仕事場に戻ったYutaは、Elizabethのひどい顔色に気づきます。でも、相手が若い女性ということ（しかもElizabethは気が強く、弱音を吐くのが嫌い！）を考え、わざとそっけない聞き方をしているのです。**What's up? You look a little pale.**（どうした

136

の？　顔色がちょっと悪いね）程度に。

　すると、Elizabeth は具合が悪いことを伝えますが、詳しいことは伝えようとしません。ここで Yuta が **I'm sorry to hear that.**（それは大変だね）と言ったのは正解です。人は少しでも共感されたり、困ったときに寄り添う態度を示されたりすると、心を開く習性があるからです。

　しかし、ここで Yuta は迷いました。Elizabeth は理由を聞いてもらいたいのか、そうでないのか。もし Yuta が、**Something's bothering you?**（何か問題でもあるの？）と聞けば、Elizabeth は正直に理由を話すかもしれません。でも、まったく聞かれたくないかもしれないのです。

　Yuta はここで、どちらにでもとれる **Is there anything I can help you with?**（何か手伝えることある？）と聞いたのです。

　結果としては、上司に書類を持っていくのを引き受けざるを得なくなってしまいましたが、Yuta のさりげない振る舞いに、Elizabeth は「なんと繊細でスマートな人なの！」と、内心思ったかもしれません。

　それに、ちゃっかりしている Elizabeth に仕事を頼まれることは、Yuta にとっては想定内のことでした。よし、ここで Elizabeth に貸しをつくっておこう。彼女はよく助けてくれるし、今後のこともあるから **No problem!**（もちろん！）と言おう。Yuta は快く用事を引き受けます。

　こうやって Yuta は相手のプライバシーに立ち入ることなく、うまく立ち振る舞うことができました。これで当分 Elizabeth との仲

対応する力　Chapter 4　　137

は順調にいくでしょう。

　ここで注目すべきは、Yuta の対応の仕方です。

　先に述べたように、Yuta の優れている点は人間観察が優れており、その都度適切な対応がとれていることです。細かい配慮が行き届いており、このような人はビジネスでもうまくいくことでしょう。

　日本人によくある英語コミュニケーションの失敗には、相手が聞かれたくないと思っているのにしつこく聞いてしまったり、相手が十分な答えを期待しているのに少ししか情報を与えず、相手を不快にさせてしまうなどがあります。

　その原因のひとつは、（相手の気持ちを掴むために重要な手掛かりとなる）「目つきや表情、しぐさ、声のトーン」などのサインを見逃していることです。たびたび申しますが、人は無意識にそれらの非言語コミュニケーションを使い、自分の気持ちを伝えることが多いのです。

　ときには手や足の組み方などでも相手の気分がわかることがあり、それらは重要なサインです。

　大事なことは、「人間観察をしっかりする」こと。相手が今こう思っていることを敏感に感じられること。それが会話の成功につながります。ぜひ覚えておいてください。

対応する力を高めるコツ⑥
不利なときは
会話の流れを変える

　異文化間コミュニケーションの中で、英語の非ネイティブがもっとも難しいと感じるのは、続行中の会話の流れを自分に有利な方向に変えることです。

　この話題ならもっと実のあることをたくさん話せるのにと思っているうちに、相手がどんどん会話をコントロールしてしまい、どうしてよいかわからなくなってしまうなどの経験はありませんか？

　だからといって、無理やりこちらが会話を遮って話題を切り替えたり、関係ないテーマをいきなり持ち出したりするのは、相手に失礼です。そのような行為は、あなたが今までの会話に興味がなかったという印象を相手に与えかねません。突然理由もなく話題を切り替えられるのは失礼！と思われても仕方がないでしょう。

　そのときに力を発するのが、戦略的な「チェンジ＆ナビゲート術」です。現在の会話を続ける選択肢をとらずに、あえて冒険するのです。ただし、やみくもに冒険するわけではなく、きちんとした目的を持って戦略的に！

対応する力　Chapter 4　139

具体的には、「チェンジ＆ナビゲート術」は次の段階を経て会話を進めます。

Quick statement （相手の話を受けて、素早く反応する）
Transition （話を転換するというシグナルを出す）
Change-the-flow （一気に流れを変える）

　つまり、今までの流れを急に変えずにさりげなく会話を終わらせることが重要なのです。ハードランディングではなく、ソフトランディングということですね。それから、自分の話したい話題や方向へ一気に流れを変えるのです。

　例として、次の Michiko と Shawn の会話を見てみましょう。

Shawn: **What a beautiful temple! Do you know when it was built?**

Michiko: **I'm not sure, but it's the oldest temple in Tokyo.**

Shawn: **I read in a book that one of the Tokugawa Shogunate was involved in founding this temple. Was it Ieyasu or Iemitsu?**

（どうやら Shawn は日本の歴史に詳しそう。歴史に詳しくない Michiko はまずいと思い、次の提案をします）

Michiko: **Sorry, I don't know much about that. But, I have a good idea. This temple must have an English brochure. Shall we get one now?**

Shawn: **Great, Michiko. Let's go!**

　Michiko の受け答えを整理すると、こうなります。

Quick statement **Sorry, I don't know much about that.**
Transition **But, I have a good idea.**
Change-the-flow **This temple must have an English brochure.**
Shall we get one now?

（または、このような切り替え方もできます）

Michiko: **Amazing, Shawn! You know a lot about Japanese history. By the way, I'm getting hungry. I know a good *okonomiyaki* restaurant nearby. Are you interested?**
Shawn: **Why not? I'm so starving, too.**

　これも整理すると、次のようになります。

Quick statement **Amazing, Shawn! You know a lot about Japanese history.**
Transition **By the way, (I'm getting hungry.)**
Change-the-flow **I know a good *okonomiyaki* restaurant nearby. Are you interested?**

　1つ目の提案は少しだけ流れを変え（英語版の案内書をもらうことを提案）、次の提案では話題を一気に変えています（お好み焼きを食べることを提案）が、それぞれ、**But, I have a good idea.**（ちょっといいこと思いついた）/ **By the way,…**（そういえば……）と、相手に「流れを変えますよ」という、**Transition**（転換）シグ

対応する力　Chapter 4　　141

ナルを出しています。

　このようなシグナルは案外重要です。論理の流れを大切にする英語社会では、何の関連もない話の展開を嫌うので、話題を変えるときはこのようなひと工夫をこらしましょう。

　最後に、ここでもうひとつ例を挙げます。人間観察が巧みなYuta が働くオフィスに、本社から女性役員がやってきました。Yuta がどのようにピンチを乗り越えたかをご覧ください。

Yuta: **Welcome to our office. My name is Yuta Kobayashi.**
Karen (Female executive): **Thank you, Yuta. Call me Karen.**
Yuta: **I'm sorry, Karen. My boss is out of office right now. He has an urgent matter to take care of.**
（女性役員は少し不機嫌そうになる）

Karen: **Oh, really? He promised to meet me at noon. What's the problem?**
Yuta: **Please don't worry. He'll be back soon. While you're waiting, shall I show you around the office?**

（女性役員の顔が急に明るくなる）
Karen: **That's great! Thank you, Yuta.**

　この会話の中で、人間観察力があるYuta は上手に対応しています。女性役員のKaren はフレンドリーですぐに打ち解けられそうな感じだったので、Yuta は正直に上司が席をはずしていることを伝えました。しかし、Karen の顔が急に曇るのをYuta は見逃しません。声にも不満が表れています。

142

Karen が **What's the problem?**（どのような問題なの？）と聞いてきたので、ここで本当のことを言おうかと Yuta は一瞬迷いますが、新人の自分は余計なことに首をつっこまないほうがよいと判断し、とっさに社内を案内することを提案します。

　ここでまた Yuta が偉かったのは、**Please don't worry. He'll be back soon.**（心配なさらないでください。上司はすぐ戻りますので）と、とりあえず答えたことです。上司がすぐ戻る確証はなかったのですが、そのように言えば、Karen が安心すると思ったのです。おそらく社内を案内するうちに上司は戻ってくるだろう、そうでなかったら別の手を考えよう、と Yuta は考えました。このように、相手の反応を見ながら素早く対応していくことは、異文化コミュニケーションではとくに大切です。

「チェンジ＆ナビゲート術」を使った部分を整理すると、こうなります。

Quick statement　Please don't worry. He'll be back soon.
Transition　While you're waiting,
Change-the-flow　shall I show you around the office?

　ここではとくに Transition シグナルのようなものはありませんが、**While you're waiting,** と言われれば、Karen は Yuta が気を利かして何らかの提案をすることにすぐ気がつくはずです。

　みなさん、いかがでしたか？　その場に合わせて会話を展開していくのは難しいようにも見えますが、これも何度か経験していくうちに楽にできるようになります。頑張って挑戦してみてください！

対応する力　Chapter 4　143

エクササイズ 14

「チェンジ＆ナビゲート・エクササイズ」

次の会話について、自分に有利な方向へ話題の方向性を変えてみましょう。

会話 1

Karen: **Yuta, I read in a book that Japanese people make slurping sounds when they eat noodles. Could you tell me why they do that?**

Yuta's answer

❶　Quick statement

❷　Transition

❸　Change-the-flow

解答例 1

Yuta's answer

❶ Quick statement **Well, it probably tastes better if we eat them that way.**

❷ Transition **Oh, I have a good idea!**

❸ Change-the-flow **Would you like to eat at a soba noodles restaurant tonight? I know a good one in Kanda.**

（**Yuta** の戦術：夕食までにソバは音を立てて食べるとなぜ美味しいかについて調べておく）

会話2

Boss: **Let's go bar-hopping, Rika! There's another really nice bar across this street.**

Rika's answer

❶ Quick statement

❷ Transition

❸ Change-the-flow

会話3

Daniel: **My client is such a micromanager. He always complains about tiny errors. I'm fed up with it.**

Susan's answer

❶ Quick statement

❷ Transition

❸ Change-the-flow

解答例2

Rika's answer

❶ Quick statement **That's a good idea, boss!**

❷ Transition **But let me see...**

❸ Change-the-flow **Aren't we having an important meeting tomorrow morning?**

（**Rika** の戦術：次の朝のミーティングの話を持ち出し、ボスにバーをはしごさせるのをやめさせる）

解答例3

Susan's answer

❶ Quick statement **I know what you mean. He's also nasty.**

❷ Transition **By the way...**

❸ Change-the-flow **Do you know our boss is throwing a party at his house next week? Are you going?**

（**Susan** の戦略：客に対する不平を聞き続けたくないので、まったく違う話題を持ち出す）

対応する力　Chapter 4　147

いかがでしたか？　対応する力を高めるには、人間観察や、その他のちょっとした工夫が効果をもたらすことがおわかりになったでしょうか。

　最後にひと言。本章で学んだことは誰もがすぐに実行できるわけではなく、いくつもの経験を通して長い間に少しずつ獲得するものです。1回でうまくいかなくとも、どうぞ焦らないでください。「次はできたらいいな」くらいの気楽な気持ちで挑戦してみるとよいと思います。

　なぜなら、英語は苦しんでやるものではなく、楽しんでやるものですから！　みなさまのご健闘をお祈りしています。

さて、本書では Prologue、Chapter 1〜4を通じて、英語が口からさっと出ない方たちのために様々な解決方法をご提案してきました。最後となる次の Epilogue では、みなさんの学習や努力がしっかりと報われるために、さらなるアドバイスや英語の学習法についてご紹介したいと思います。

コラム⑤
「英語は翻訳するな！」は正しいか？

　みなさんはよく「英語は英語で考えろ、翻訳するな！」と言われた経験はありませんか？

　そうよく言われるのは、日本特有の事情があるからです。明治時代に海外から知識や技術が流入してきたとき、外国語を訓読法で翻訳する手法が使われました。一字一句、逐語的に訳したのです。その方法は、その後の英語教育でも訳読法として受け継がれました。翻訳＝訳読のような誤解が生まれたのはそのためです。

　著者は自分の長い英語人生の中で、翻訳にも大きく関わってきました。本当の意味の翻訳とは、原文の情報や意図を正しくくみ取って、読者にわかりやすく伝えることです。

　英語でのコミュニケーションもまったく同じ。日本語で考えずに英語が口から出てくるのは理想ですが、日本語の呪縛からまったく解放されることはありません。とくに日本の文化に根付くようなこと、日本語に関係のあることを英語で言おうとするとき、日本語の影響があって当然だし、排除する必要はないのです。

　たとえば、「とりあえずビールにしよう」を英訳してみましょう。ほとんどの人が「とりあえず」という部分にひっかかります。日本人の口癖のようなこの表現は、本来はあまり意味がありません。控えめな気持ち、ちょっとした躊躇感が出ているだけです。

　そのようなときは、些細なところにこだわらず、その文の根底にある意味をよく考えましょう。そして一度、英語になりやすい日本語に変えてください。もし話し手が「これからいろいろ頼みそうだが、まずはビールにしよう」と思っているのであれば、**Let's start off with beer.** と言えばよいのです。

　どうです？　簡単でしょう？

　私はこれを発想の転換と呼んでいます。字面にこだわらず、意味にこだわること。それは英語で英語を考える際にも役立ちます。ぜひ参考にしてください。

Epilogue

報われる人になる「10のアドバイス」

表現力増強には、
動詞プラスアルファを覚えよう

　単語数はあるはずだけど、実際の会話になると気の利いた表現、とくに動詞が思い浮かばない、いつも同じ動詞を使ってしまう、ネイティブのように動詞＋前置詞（例：**pick up**）や動詞＋副詞（＋前置詞）（例：**come up with**）などをうまく使いこなせない、と嘆く人は少なくありません。

　動詞＋前置詞、動詞＋副詞（＋前置詞）などの組み合わせを**phrasal verb**（句動詞）と呼びます。実はこれらを使いこなせると表現の幅がぐんと広がるのです。

　たとえば、「ジョンがサラを食事に誘った」「3か月後、ジョンはサラと別れた」を英訳してみましょう。

John <u>asked</u> Sara <u>out</u> to dinner. Three months later, John <u>broke up with</u> Sara.

　phrasal verb はとくにアメリカ人の会話によく出てきますが、英語史の専門家の話を参考にすると、ある歴史的な背景が見えてきます。

　英語の発祥の地はブリテン島ですが、現在のイギリスになる前に島には様々な民族が侵攻しました。ケルト語を話すケルト人、ラテン語を話すローマ人、そして現在の英語の基礎となる言語を話していたアングロ・サクソン人、同じ言語ルーツを持つ北欧バイキングなどです。ノルマン人の侵攻によりフランス語も入ってきました。

当時、ラテン語やフランス語が貴族や上流の人たちが使う言葉であったのに対し、英語は下流階級の言葉でした。そのため、文法、語彙表現などはなるべく易しく、シンプルな形へと進化しました。

　シンプルになった英語はアメリカに渡ってさらにシンプルになり、そのシンプルさゆえに、今世界の共通語として使われる理由のひとつにもなっているようです。

　ところが皮肉なことに、シンプルであればあるほど日本人には覚えにくい、という不思議な現象が起こっています。「（飛行機が）離陸する」を表現するには、**take off** より **depart** のほうが覚えやすいし、使いやすいと思う人は日本人に多いと思います。

　phrasal verb のひとつの覚え方として、コアとなる動詞のあとの副詞や前置詞の意味を考えるとよい、とアドバイスする人もいます。**off** は「何かから離れる意味」を、**in** は「何かを取り入れる」意味というように覚える方法です。

　しかし、著者はあまりこのような覚え方には感心しません。頭の中の勉強としてはよいのですが、実際の会話ではほとんど役に立たない（つまり使いこなせない）からです。

　何がよくないかというと、やはり現実との乖離が原因です。今回もまた、英語ネイティブが自然に英語を覚える様子を思いうかべてみましょう。

　本書にたびたび登場する、バイリンガル保育園に通う R ちゃんは、先生や親の言う **Sit down, please! Clean up, please!** は完璧に理解していて、そのように行動できます。いちいち **sit + down** とか、**clean + up** などと文法的に考えているわけではなく、それ

報われる人になる「10のアドバイス」　Epilogue　　153

らの表現が日々の行動の中で何度も繰り返されることにより、言葉と行動（のイメージ）が固く結び付いているのです。

　何度も言うようですが、**phrasal verb** も現実的な文脈の中で、それらが意味する行動がイメージできる状況の中で覚えるようにしましょう。

　日常会話によく使われる **phrasal verb** がよく出てくるのは、ネイティブの子供たちが読む絵本や児童書です。次にお勧めなのは、現代の会話がよく出てくる小説や映画です。（18世紀が舞台のものとかを選んでしまうと、あなたの英語が「〜候」みたいになってしまいますから、その点はご注意を！）

　また、せっかく覚えたものは即使うのが鍵ですが、それについては次のセクションで述べたいと思います。

「書くように話す」のも ひとつの方法

あるとき自身のブログで、話すのが苦手な人は「書くように話せばよい」と述べたら反響があったことがあります。実はこの考え方は私のオリジナルではありません。過去に何人もの方がそうおっしゃっているのですが、中でも未だに印象に残っているのは、経済人で米国に留学経験もあるＴ氏です。

Ｔ氏は国際機関で長を務めるなど海外で長らく活躍してきましたが、どうしても苦手で克服できなかったのが、話す英語でした。必要に迫られて何とか外国人とコミュニケーションはとれるものの、ご本人いわく、全体の英語力と運用能力の間にはかなりの落差があったそうです。とくに流暢さにおいて劣る、と感じていたのです。

そのＴ氏が自ら書いた著書の中で強調していたのが、「英語は書くように話せばよい」という面白い発想でした。なぜなら彼は書くことは得意でした。それをそのまま口にすれば相手に通じるということに、あるとき気づいたといいます。それから英語を話すのが怖くなくなったとも。

そもそも日本の英語教育では、学生にあまり書かせません。ネイティブの先生でないと添削が難しいとか、チェックが面倒くさいとか、そもそも指導方法がわからないとか、先生が躊躇してしまうのも原因のひとつかと思います。

しかし、現代の英語教育で「読む」「聞く」「話す」「書く」の４スキルの同時向上を目指すのは、極めて普通のこととなっていま

す。「読み書き」を同じジャンルに入れていた昔とは違い、今では「読む」「聞く」を1ジャンル、「話す」「書く」を1ジャンルとしています。

　なぜかというと、前者は受動的、後者は能動的な行為だからです。「話す」も「書く」も本質的には自分から発信する行為という点で共通しています。もちろん「書く」ことには発音やリズム、相手への対応などは含まれません。あくまでも、こちら側からの発信という点においてだけ、似ているのです。

　著者は、この「書く」という行為が即「話す力」にはならないものの、ある意味では話す力を補強すると考えています。

　それというのも、日本に生まれ、そこで暮らしている限り、英語を使う機会は極めて限られています。話す時間が少ないなら、書けばよいのです。

　たとえば、前のセクションで述べた **phrasal verb** を使って、日記を書いてみることもできます。その日に起こった印象的なことを英語にすると、ちょうどこんな感じになるでしょうか。

I was out in town this afternoon to <u>meet with</u> my client, Mr. Smith. On my way to his office, I <u>came across</u> one of my friends from junior high school. There was a little time before the appointment, so we <u>walked into</u> a cafe to grab a quick coffee. Since we had so many things to <u>catch up on</u>, I completely forgot about the appointment. Then, I <u>rushed into</u> Mr.Smith's office and apologized to him.

ここでは英語で発信する練習だけでなく、覚えた語彙や表現、とくに動詞や動詞句などを実際に使ってみることができます。意味のつながる文章が書けているかどうか、書き終わったら、2、3度自分で読み上げてください。（Chapter 2の66〜71ページでもやったように、意味のつながる発信ができるかどうかは、会話でとても重要です）。

　このような練習を繰り返しているうちに、ある日突然、前ページに挙げたくらいの文章はスラスラと口から出てくるようになります。我々の脳は、複数の刺激を受けることによってより活性化する仕組みを持っているためです。

　このくらいの短い日記であれば、それほどの負担には感じないのではないでしょうか。ぜひトライしてみてください！

リスニングは「話す力」を助ける

　英語に 4 つの重要なスキルがあることは、先にお話ししました。そのひとつが「聞く力」です。「聞く力」は「話す力」に大きな影響があります。

　聞くことができなければ相手に反応することもできないし、適切な対応をとることもできません。Chapter 1で、「ひとつの電車が遅れたら、次の電車も遅れる」と著者が申し上げたのを覚えていらっしゃるでしょうか？

　我々は、頭の中にある過去のデータを参照しながら相手のスピーチの内容を理解しています。ですから、データそのものが少なければ処理は遅れます。また、たとえ十分なデータがあったとしてもワーキングメモリーの処理自体が遅ければ、早く対応することができません。

　スムーズな会話は、話す行為の前に、聞く力が十分に機能していることが前提なのです。

　本書では、「聞く力」を伸ばす方法についてとくに述べませんでした。どうしたら「聞く力」、一般的には「リスニング」と呼ばれる能力を改善することができるのでしょうか。

　たとえば、「英語のかけ流し」がリスニングによいかという質問をよく受けます。これに対しては、「英語教育は早ければ早いほどよいか？」という質問に似ていて、「ものすごく効果が期待できる

わけではないが、やらないよりはよい」という程度にしかお答えできません。

　たとえば、著者がフランス語の速いスピーチをかけ流しで聴いているとします。音のリズムや単語のアクセント、そのようなものはなんとなく掴めます。ところが内容となると、（大学時代に少しは勉強したにもかかわらず……）ところどころ名詞や動詞は認識できるものの、ほとんど何を言っているのかわかりません。

　このような勉強の仕方は無駄ではないにせよ、効率はまったくよくないわけです。少なくとも、ほとんどの単語（の意味）は認識でき、それらがどのような組み合わせで文を作っているのか（統語やその他の文法構造）を、ある程度理解していることが重要です。

　そういう意味で、ぜひ内容が十分にわかる素材を使ってください。ニュースを聞く場合も、馴染みのある内容のものを選ぶことが重要です。最近起こっていることであれば、多少リスニングが弱くても、大体の内容はつかめることでしょう。

　映画も現代のものなら素材として十分に使えます。最初は日本語字幕つきで、次は英語字幕つきで、最後は音声だけで、と段階的にやっていけば、驚くほど英語をよく理解できることにびっくりなさるでしょう。話の内容、それに関連する背景を先につかんでおくことが、認知能力をぐっと高めるからだと思います。

　また、リスニング力はリスニングの練習のみで向上すると考えるのはよくありません。知識（頭の中のデータ）があってこそ内容をよく理解できるわけですから、その他のスキル、とくに「読む力」を伸ばすことはとても重要です。

報われる人になる「10のアドバイス」　Epilogue

仮に、洋書なんて長いし、難しそうで読めない！とおっしゃる方がいるとしましょう。しかし、単純なストーリー（推理小説、恋愛小説など）の小説はそこまで難しくはありません。日常生活を扱ったものであれば、会話に役立ちそうな語彙や表現がたくさん出てきます。

　それでもハードルが高いと思われるのであれば、映画やテレビで放映された作品の原作を読むのもひとつの方法です。わからない単語があっても、内容がわかっているので筋が推測しやすく、映像のイメージも頭に残っているので楽しんで読むことができます。

　本書では「話す力」、とくに「さっと英語を口から出す力」を重点的に攻略してきました。しかし長い目でみれば、「読む力」「聞く力」「書く力」を同時に伸ばすことはとても大切です。それらは互いに深く関連し合っているため、俯瞰的視野で考えることも重要なのです。

発音をやり直すには
フォニックスがよい

　本書の Chapter 3 では主に発音を扱いました。でもそれだけでは、一度ついた悪い発音の癖をとるには十分ではありません。

　そもそも発音はそれほど重要なのでしょうか？　著者はときどき、あのような発音でよく通じるものだ（失礼！）と、テレビの記者さんが英語でインタビューするのを見て不思議に思うことがあります。

　この問題は、逆を考えればすぐ答えが出ます。日本語を習いたての外国人が日本語を話すとします。かなりアクセントが強くわかりづらくても、何を言っているか大体はわかりますよね。それは私たちが日本語のネイティブだからです。

　最近ではオバマ前米国大統領が、日本の首相が真珠湾を訪れたときにスピーチの中で「*otagai no tameni*」（お互いのために）という日本語を使いました。ゆっくりとした綺麗な発音だったのでわかりやすいというのもありましたが、もっと拙い日本語で言われたとしても、その状況や文脈から大体のことは想像できたと思います。

　そういう意味で、相手が英語ネイティブであれば、ほとんどのことは理解してくれるのであまり心配する必要はないのです。（むしろ、通じないのではないかという恐怖心を持つほうが問題です）

　ところが最近は、相手が英語ネイティブとは限らないケースが増えてきました。この場合は少し困難が生じることがあります。お互

いの英語に訛りが強い場合、相手の英語に慣れるまでかなりの時間がかかることもあります。

それでも時間をかければ最後は通じますから、あまり心配することはありません。しかし、どうしても自分の発音が気になるような方には、フォニックスというメソッドがお勧めです。

これは、綴りと発音の間の規則性を利用して英語圏の子供や外国人の子弟に英語の読み方を教える手法のひとつで、日本でも1981年に松香洋子氏が『英語、好きですか』（読売新聞社）で紹介し、話題となりました。

英語における綴りと発音の規則性は100％ではありませんが、75％くらいは一致すると言われています（株式会社 mpi 松香フォニックス）。英語は文法構造やその他においてシンプルな言語と言えますが、唯一面倒くさいのが綴りと発音の不一致です。そのような意味で、綴りと音の規則性を学ぶことは、とくに非英語ネイティブの外国人にとって役に立つと思います。

著者が最初にフォニックスに出会ったのはかなり前のことですが（しかも日本で！）、子供を連れていった米国では、幼稚園の年長さんにあたるキンダーと小学１年生の授業でこの手法が取り入れられていました。子供たちは、ｐとｂの違い（同じ口の形ながら、片方は無声音、もう片方は有声音）とか、たくさんある母音の違いなどを、フォニックスを通じて学びます。

同時期に私が通った大学院のリーディング教授法の授業でも、アメリカ人の先生たちと一緒にかなり徹底してフォニックスの規則を覚えさせられました。日本での出会い、そして米国での経験によって、英語の発音について学べたことはとても収穫だったと今でも思

います。

　最後に、フォニックスは発音のみの訓練なので、流暢さとは関係ありません。しかし、最低限の英語の音の仕組みを理解するだけで、Chapter 3でもご紹介したような間違った発音に気づくことができます。興味のある方は、一度は勉強してみることをお勧めします。

シャドーイングは
すべての万能薬

　みなさんはシャドーイングという言葉を一度は聞いたことがあるのではないでしょうか。耳から入ってくるスピーチを影のように追いかけながら、一字一句、口に出していくシャドーイングは、そもそも通訳の技術を向上させるために考案された練習方法です。

　大学生の頃、私は1日に3時間もシャドーイングだけを練習した記憶があります。3時間もやっていると疲れるし、なんのためにやっているのかわからないと思うことがたびたびありました。先生が同じテープを何度も使うので、最後は内容をすべて覚えてしまうほどでした。

　ところが、これが英語のスキルを磨くのに最適な方法であるということが、のちに実務についてからよくわかったのです。まず聞くことでリスニング力が強化されます。何度も同じ素材をやっていると、出てくる単語や表現が無意識のうちに頭にインプットされます。たまたまそれが格調の高いスピーチであれば、格調の高い表現、話し方、発音、すべてが1本のテープで学べるということです。

　一般的な英語学習においても、その効果はだいぶ前から認識され始めています。高校の授業でも取り入れるところが増えたため、みなさんの中にも多少の経験者はいらっしゃると思います。シャドーイングは口の動きを滑らかにするだけでなく、発音やアクセントの矯正、語彙表現や知識の増強、集中力や反射神経の養成、あらゆる面で優れていると、英語教育の専門家たちも認めています。

ただし、この方法の弱点はシャドーイングしやすい教材がなかなか見つからないことです。シャドーイングに特化している教材も売られていますが、何回かやったらその内容に慣れてしまい（同時に飽きてしまい）、しだいに効果が薄れてしまいます。

　内容の面白さという点では、生のトーク（**TED TALKS** や海外ニュースなど）が魅力的ですが、スピードが速すぎます。しかし海外ニュースには知っておくとよいホットな話題や表現が満載だし、ネットでただ同然で聴くことができますから、これを使わない手はありません（ビジネスの合間のスモールトークに利用できるネタにもなります！）。そこで著者がお勧めするのが、英語学習用に特別に配信されている易しいニュースです。

　VOA Learning English、**BBC Learning English** など、英語学習者向けの配信ニュースは比較的ゆっくりで易しいものが多いです。定期的に話題が変わりますから飽きることもありません。テキストや字幕がついているものあります。

　これらのシャドーイングを毎朝通勤の間などに5分程度やりましょう。何度も繰り返すことで、耳が英語に慣れ、口内の筋肉がほぐれ、新しい単語や表現に出会い、発音やアクセントが学べ、知識も増えるなど、一石五鳥（？）くらいの効果が期待できます。

　ニュースは少々ハードルが高いと思われる方は、手持ちの CD 教材を使ってください。まとまった文章がゆっくり話されているものなら何でもいいです。英会話の教材や子供用英語教材など、ゆっくり綺麗に話されているものであれば何でも！　自分の実力と好みに合わせ、無理のない範囲で選ぶことが大切です。

　また、できれば音声にテキストのついたものを選びましょう。は

じめは自分でテキストをゆっくり読み（わからない単語があれば辞書で確認し）、内容を掴んだらテキストを見ながらシャドーイングします。最後に、慣れてきたらテキストなしでシャドーイングしてみてください。

　ある程度自信のある方は、シャドーイングをやる傍ら、レコーダーで自分の英語を録音するのもよい方法です。再生して自分の英語が他の人にどう聞こえるか、一度は聞いておくと後々の参考になりますよ。

英語コミュニケーションには
想像力が大切

　著者は、語学学習には想像力が重要だと常に言っています。言葉や文化の違う異文化コミュニケーションだからこそ、相手の気持ちや状況の把握などを想像する力が大切なのです。

　本書では何度も出てきた通訳の例です。

　通訳者は現場でいきなり流れるスピーチを訳します。あらかじめ原稿が用意されていることは少なく、提供された事前資料の知識と耳で聞き取った記憶、メモだけを頼りに話を再現しなければならないのです。ですから、通訳者は想像力（状況や文脈を想像する力）がとても豊かです。

　ある同時通訳者によると、頭の中で絵を描くように話を聞き、内容を覚えるのがよいそうです。そして再び、その絵を描くように話を再現するのです。

　また、ある翻訳家は、翻訳するとき頭の中に映像スクリーンを思い浮かべるそうです。そうすることでイメージが膨らみ、言葉に命が吹き込まれるのです。

　これらは、私がよく言葉は物や事象とともに記憶するとよいと言っているのと同じです。頭の中に絵を描くとは、状況を想像（イメージ）することです。状況がイメージされると、言葉そのものが生きてきます。

私が語学書を書くときも、とくに会話本を書くときの私の頭の中は想像力に満ち溢れています。会話には必ず現実にいそうな主人公を立て、彼らに具体的なイメージを与えます。背の高さや体つき、髪の色、顔立ち、年齢、職業、そういったものを色付けしていきます。

　それは、あたかもドラマの脚本家になった気分です。状況もなるべくリアルな場面、過去に私が経験したものを使います。経験したことがない場面設定であれば、リサーチしたり、経験者にインタビューしたりして確かな情報を得ます。

　そうすることにより、私が書いた会話は生き生きとしてきます。そしておそらく、そのようなリアルな会話文を読む読者も同じような印象を受けるのではないかと思います。

　印象が強ければ、記憶にも残りやすくなります。アイスクリームを食べるシーンでも、そのお店があなたの大好きなコールドストーンだったらどうでしょう？　お店のイメージにつられ、使われている会話も記憶に残りやすくなるのではないでしょうか。

　これは、自分が人に話をするときにも使えます。我々は誰でも人と話をするときに、無意識に、相手に話が通じるよう工夫して話すのだそうです。情報の量、質（内容）、話し方など、それらを脳の中で最適化したうえで、相手に伝えているのです。

　これが上手な人ほど、相手に話を伝える能力が高いということになります。外国語の場合も理論的には同じですが、言語構造や文化や考え方の違いにより、同じことが母語よりはるかに難しくなってしまいますが……。

いずれにしても、これを言ったら相手は理解できるだろうか？
喜ぶだろうか？　嫌な気分にならないだろうか？　このようなこと
を想像できる力を持ててこそ、あなたは優秀なコミュニケーターに
なれるのです。

英語学習を戦略的に
マネジメントする

　英語が上手になりたい方から、どうしたらモチベーションが上がるかという質問をよく受けます。モチベーションは自然に湧くものであるから、どうやったら上がるのかと聞かれても……。私はいつも答えに詰まってしまうのですが、ひとつだけ良い方法があります。

　それは、時間をかけて楽しんでやっていればそのうち上手くなる、というような従来ののんびりした考え方でなく、具体的なアプローチと俯瞰的な視野を合わせ持つことです。

　多くの英語学習者は、場当たり的な練習を非継続的にやり、結局は失敗するケースが多いのではないでしょうか。思い出してください。母語の成長はきちんとした大人のレベルに達するまでかなりの時間がかかります。そして有利な環境も揃っています。だから5歳児でもある程度の日本語を話し、十分にコミュニケーションが図れることは、コラム①でも述べました。

　その極めて環境的に不利な英語学習をできるかぎり効果的な形にするには、俯瞰的な、総合的なアプローチと、具体的な、弱点克服型アプローチをうまく組み合わせるのがよいと思います。

　つまり、これは個人プロジェクトのようなものです。個人であってもプロジェクトはプロジェクトですから、はじめにしっかりとしたビジョン、目標を立てることが重要です。

　1年後には外国人とある程度の会話ができるようになりたい、2

年後には外国人の客を接待できるようになりたい、3年後には海外営業部に移りたい、のように自分にあった目標を立てます。

　目標を立てたら、そこへ到達するための学習過程を頭の中でイメージします。そのイメージを掴むために、B男さんとC子さんが立てた目標を見てみましょう。

B男さん	C子さん
目標： 3年後に海外営業職に就く。	目標： 2年後に通訳案内士の資格を取る。
具体策： ●毎朝出社前に5分間、ビジネス英語教材でシャドーイングする。 ●週1でフィリピン人講師と英語でスカイプする。 ●月1で英語セミナーに参加する。 ●フェイスブックに配信されている英文記事を毎日1つだけ読む。 ●記事の要点を日記に書き、知らない単語やフレーズをメモしておく。	具体策： ●フォニックスの本で発音を勉強。 ●毎朝15分間、シャドーイング教材を使って練習する。 ●友人と月1の「英語だけを話す会」を作り、毎回必ず参加する。 ●夏休みに長期休暇をとり、カナダの語学研修に参加する。 ●毎晩、その日の出来事を英語で日記に書く。

報われる人になる「10のアドバイス」　Epilogue

このように学習項目を可視化してみると、ぐんとやる気が増しませんか？　こうやって自分の目標、具体的なことが見えてくると、無駄な教材にお金を使ったり、自分に向いてもいない英語教室へ通ったりするなどがなくなるのです。

　しかし、みなさんこのような理想的な形で英語学習を進められるとは限りません。自分自身の性格、現在の実力やこれまでの英語学習歴、仕事の制約など、プロジェクトを阻む要素がたくさんあるからです。

　自分に合った学習法とは何か？　マクロ、ミクロの両方で考えていく必要があります。

続けるコツは、
自分の性格を見極めること

　これまで様々な英語学習法についてお話ししてきましたが、多く
の方にとっての切実な問題は、その努力をどのくらい続けられるか
ということです。英語学習には「繰り返しと継続」が大切ですが、
ほとんどの方はそこで躓いてしまうからです。

　英語を効率的に学習するためには、よき指導者と優れた教材に恵
まれることが一番ですが、もちろんその前に大切なことがありま
す。本人のモチベーションの高さと、現在置かれている状況と理想
との落差を埋めることができるかどうかという問題です。

　考えてもみてください。大人になると様々な仕事や家事の制約に
阻まれ、時間が確保できません。小さなお子さんがいたら、家での
んびりシャドーイングとも言っていられないでしょう。まずは無理
な計画は立てないことです。そして自分の性格にあった方法を選択
してください。英語学習者を次の５つのタイプに分けてみました。

★コツコツ努力型

　一番理想的なタイプです。５分から10分でもいいから毎日、家
の中や電車の中で、駅まで歩く時間などを利用して口から英語を出
す練習をすることです。スマホや iPod などにシャドーイング用の
教材を入れておけば、いつでも練習できますね。人に聞かれるのが
嫌であれば、家族が寝静まったあと、ひとり部屋にこもってやるの
もよいでしょう。ここではとにかく、「短くてもいいから毎日続け

報われる人になる「10のアドバイス」　Epilogue　　173

る」のが鍵です。短期決戦はあまり得意でないが、持久走のような長期戦が得意な人に向いています。読書や英作文など、他の英語学習と組み合わせてやるとさらに効果があります。

★短期決戦型

　毎日コツコツやるのが苦手の方は、一定の期間だけ集中してやるのもよいかもしれません。短期集中型トレーニングです。最低3か月から半年くらいは徹底的に集中してやるのです。比較的長期のお休みがとれる仕事であれば、海外の大学や語学学校が提供している短期型英語コースに在籍して学ぶのも大変効果的です。そこで出会う外国人（英語ネイティブ以外の）たちと仲良くなり会話の機会が増えれば、体験的な学びも増し、あなたの英語力は確実にアップすると思います。

★理屈納得型

　具体的な数字で見ないと自分の進歩を実感できない方は、様々な試験に挑戦されるとよいと思います。英検や、最近は話す力を測る試験が導入されたTOEIC、観光英語検定など、それらを定期的に受けて自分の実力を測ることは、よきモチベーションになります。

★のんびりマイペース型

　性格がのんびり屋さん、または仕事が忙しすぎてノルマが果たせそうもない方は、英語学習に緩急をつけるのもよいかもしれません。つまりできるときに集中してやる（週末とか、休暇とかに）の

がコツです。万が一計画通りにできなくても明日があるさ！と気にしない、リラックスした態度に徹するのがよいと思います。人と比較しない、完璧を目指さないことが、このタイプの方には合っています。忘れたら、また覚えればいいさ！くらいの気持ちでいれば、長続きします。

★楽しく切磋琢磨型

最後に、他人に強制されないとできない、ひとりではモチベーションが上がらないタイプの方は、朝夕仕事の合間に少人数制の英会話教室に通うのもよいでしょう。自分の実力より少し高めの授業を受けるのが刺激になってよいのですが、あまりにも他の人とのレベルが違い、そのために落ち込んでしまうのもよくありません。まずは同じような仲間のいる場所を見つけること。それを目標にしてください。

要は、自分がどのようなタイプの人間であるかを把握すること。英語学習はひとつの個人プロジェクトであると、前のセクションで述べました。プロジェクトをうまく進めるためには、自分の性格や置かれた状況を正しく分析できることも重要です。

好きなテーマで
オリジナルシラバスを！

　本書の読者の大半は、成人した立派な社会人だと思います。みなさんの英語学習における大きな問題は「知性」と「話す力」の乖離であることは Chapter 2でも述べました。子供が学ぶような易しい内容では、学習の途中で飽きてしまいます。知性のある大人は、語学以上のものを常に求めているからです。

　英語学習を長期戦で見た場合、長続きするためには次の方法をお勧めします。

１．興味や好奇心にあったマイ・テーマを選ぶ
２．それに関連する素材を、多角的手段で学ぶ
３．自主的、能動的に独自のシラバスを考える

　上記を説明するためにひとつの例を挙げます。著者がかつてボストンの大学院で勉強したことはすでにお話ししました。そのときにいたく感心したことがあります。（子供の例ですが、大人にも応用できます）

　当時３か月だけ小学校１年生の教育実習に参加したのですが、私を驚かせたのはある授業のユニークなアプローチでした。２学期制のうちの１学期は、子供たちが大好きな「恐竜（**dinosaur**）」がテーマ。これを担当の教員がリーディング（国語）、算数、理科、社会、音楽、体育すべてを指導するうえでの共通テーマにしていたのです。

　具体的に言うと、子供たちは恐竜さんが出てくる絵本を読み、恐

竜さんの数を数えて算数を学び、恐竜さんの食や生態を調べて理科や歴史を学び、恐竜さんのダンスを踊って音楽と体育を学ぶ、という感じです。決して先生が手を抜いているわけではありません。ここにはある哲学がありました。関連のあるテーマで学ぶことの重要さです。

　これは、私が大学院後期の「児童文学」の授業で１学期のシラバスづくりをやらされたときにも同じでした。まず、あるテーマを選べと言われたのです。そのときは siblings（兄弟）をテーマに選んだのですが、図書館に行くと siblings（兄弟）を扱った絵本がたくさんありました。弟が生まれてちょっぴりひがむお兄ちゃんの話とか、おばあさんが亡くなって生まれた、姉妹の絆の話とか。

　ひとつのテーマのもとに、人間の生や死や、愛情や友情や、様々な大切なことを学べるのだとそのとき強く感じました。これはとてもよい方法だと思います。

　ここで一番言いたいのは、「学習のモチベーションになるのは興味と好奇心」であることと、本書でも何度も強調している「関連性の大切さ」です。

　そういう意味で、現在市販されている教科書にはあまり面白いものはありません。というのも、様々な興味を持つ読者を満足させるためには、ひとつのテーマに絞ったり、少数のテーマだけを扱うことができない事情があります。結果的に、内容が優等生的にならざるを得ないのです。

　しかしそれでは、みなさんの興味や好奇心に火が付かないことでしょう。となれば、自分自身のシラバスを考えてみてはいかがでしょうか？

自分の興味は今何なのかを考えてください。日米外交、環境、経済、食、衣服、教育、スポーツ、恋愛、そのどれでしょうか？　週ごとにテーマを変えてもいいし、そのときにホットな話題を中心に関連素材を探してもよいと思います。

　そして、学習の方法はなるべく多角的に選んでください。小説や雑誌・新聞記事、動画や映画・DVD、絵本や児童文学、何かを読んで書く日記、ブックレポート、何でもよいと思います。飽きないためには、多角的手段を使うことが重要です。

　そのとき素材や手段を選ぶのは自分自身ですし、独自のシラバスを自分で立ててみるのもよいと思います。ここにひとつ、自主的、能動的な行為が加わります。

「マイ・テーマ（興味）と関連ある素材」「多角的な学習手段」「自主的・能動的な作業」、それがすべて組み合わさったとき、あなたのモチベーションはきっと上がると思います。ぜひトライしてみてください。

英語はスポーツのように学べ！

Epilogue 最後のテーマは、「英語はスポーツのように学べ！」。

昨年、働く女性のための雑誌からインタビューを受けました。中・上級者向けに英語学習にかかわる様々なコツについてお話ししましたが、最後のほうでこんなことを述べました。

「語学の学習は、ある面では『athletic』です。ときにストイックに自分を追い込むことが求められるし、失敗してもめげずに立ち上がる精神力が必要です」

「また、スポーツもコミュニケーションも相手があってこそ成り立つもの。独りよがりではいけません。アスリートは、一日でも練習をさぼると取り戻すのに何日もかかるといいます。英語も同じで、一日でも話さない日があると感覚がにぶってしまう。ですから、ひとりで家にいても英語をブツブツ言うといいですよ。私なんてお風呂でもブツブツ言っています」（「PRESIDENT WOMAN」2016年9月号）

わあ、すごいことを言っちゃいましたね！（自分でも原稿を見てびっくり……）これを聞いて、私にはとても無理と思わないでください。Prologue でも述べましたが、TOEIC が800 〜 900点以上でも、話すことは苦手な人はたくさんいるのです。

英語は頭だけで覚えるもの、つまり勉強だと思っている人が多いと思います。でも本書で何度も強調したように、英語はもっとス

報われる人になる「10のアドバイス」　Epilogue　179

ポーツに似た、体力を使う訓練が必要なのです。

　英語を話す力とスポーツの共通点を挙げます。

１．筋肉強化が効果的
２．集中力と反射神経が重要
３．繰り返しと継続が大切

　スポーツ選手が上記を達成するために、どのようなことを普段しているかを想像してみてください。まず「筋肉強化」では、ウエイトリフティングや、ジムでの様々なトレーニング器具を使う筋肉強化運動、（やや原始的ではありますが）うさぎ跳びで階段を上がるとかのトレーニングとかが思い浮かびます。

「集中力と反射神経」においては、反復横跳びのような練習とか、バッティングやボクシングの練習みたいなものや、いろいろとあるでしょう。ときには禅のような、メンタルを鍛える練習をするかもしれません。

「繰り返しと継続」は、まさに基本練習を諦めないで続けてやることを意味しています。バレエダンサーが筋肉や体の動きを忘れないためにバー・レッスンを毎日欠かさなかったり、野球の選手がバッティングや投球の練習を毎日欠かさなかったりするのと似ています。どんなにベテランになっても、このような基礎訓練の継続はプロにとっては欠かせない要素です。

　ですから、３日で英語が話せるとか、３週間で、３か月でマスターできるとかうたっている教材は信用しないでください。母語でも一生かかる言語をマスターするには、根気と努力が必要なのです。それらをスキップした方法はどこにもありません。

しかし、最後に言いたいことはこれです。苦しみながら英語はやらないでください。英語は楽しみながらやるものです。

　楽しんでいれば、実力はいずれ必ずついてきます。トライ・アンド・エラーを繰り返しながら、ポジティブに楽しむ！　その気持ちをどうか忘れないでください！

《引用・参考文献》

『決定版 英語シャドーイング』門田修平・玉井健（コスモピア）
『通訳の技術』小松達也（研究社）
『通訳翻訳訓練 基本的概念とモデル』
　　ダニエル・ジル著、田辺希久子・中村昌弘・松縄順子訳（みすず書房）
『英語史で解きほぐす英語の誤解』堀田隆一（中央大学出版部）
『英語、好きですか』松香洋子（読売新聞社）
『同時通訳の理論―認知的制約と訳出方略』水野的（朝日出版社）
『なぜ外国語を身につけるのは難しいのか「バイリンガルを科学する」言語心
理学』森島泰則（勁草書房）
『リスクに背を向ける日本人』
　　山岸俊男・メアリー・C・ブリントン（講談社現代新書）
『フォニックスってなんですか？』松香洋子（mpi）
「PRESIDENT WOMAN」2016年10月号「伝わればいい」ではなく──目指
　　したいのは、一つ上の「品格のある英語」（特別広告企画・語学特集
　　P120-121、PRESIDENT online: http://president.jp/articles/-/20040)、
　　（プレジデント社）
内閣府 HP、特集「今を生きる若者の意識〜国際比較からみえてくるもの〜平
　　成26年度版」
　　http://www8.cao.go.jp/youth/whitepaper/h26gaiyou/tokushu.html
　　In Other Words: A Coursebook on Translation. 2nd Edition, Mona Baker
　　（Routledge）
「多聴多読マガジン」2015年12月号「発想を変えたら、こんなに話せる！通
　　じる英語の５つの鉄則」（特集 p9〜32）（コスモピア）

著者紹介

光藤京子（みつふじ きょうこ）

英語コミュニケーション、翻訳関連の執筆家・コンサルタント（TAS＆コンサルティング）。元会議通訳者。翻訳ビジネス経営の傍ら、東京外国語大学で通訳・翻訳を指導。複数の大学で20年以上にわたり英語を指導した。
主な著書に、『働く女性の英語術』（ジャパンタイムズ）、『英日日英 プロが教える基礎からの翻訳スキル』（共著・三修社）、『何でも英語で言ってみる！シンプル英語フレーズ2000』（高橋書店）、『誤訳ゼロトレーニング』（秀和システム）などがある。
オフィシャルブログ：
「Keri先生のシネマ英語塾」
http://blog.excite.co.jp/kerigarbo/

英語を話せる人　勉強しても話せない人
たった1つの違い

2017年4月1日　第1刷

著　　　者	光 藤 京 子
発 行 者	小 澤 源 太 郎

責 任 編 集　　株式会社 プライム涌光
　　　　　　　　　電話　編集部　03(3203)2850

発 行 所　　株式会社 青春出版社
東京都新宿区若松町12番1号 〒162-0056
振替番号　00190-7-98602
電話　営業部　03(3207)1916

印　刷　中央精版印刷　製　本　フォーネット社

万一、落丁、乱丁がありました節は、お取りかえします。
ISBN978-4-413-23032-2
© Kyoko Mitsufuji 2017 Printed in Japan

本書の内容の一部あるいは全部を無断で複写（コピー）することは著作権法上認められている場合を除き、禁じられています。

自分を変えたい、変わりたいと思っているすべての方へ贈る

青春出版社のベストセラー

結局、「すぐやる人」がすべてを手に入れる

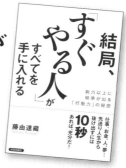

- 先延ばし、先送りグセがある
- いつもギリギリにならないと動けない
- 考えているうちにチャンスを延ばす…

ISBN978-4-413-03958-1　1300円

結局、「1%に集中できる人」がすべてを変えられる

- あれもこれもと手を出してしまう
- 優先順位付けができない
- ひとつのことに集中できない…

ISBN978-4-413-23002-5　1300円

お願い　ページわりの関係からここでは一部の既刊本しか掲載してありません。折り込みの出版案内もご参考にご覧ください。

※上記は本体価格です。（消費税が別途加算されます）
※書名コード（ISBN）は、書店へのご注文にご利用ください。書店にない場合、電話またはFax（書名・冊数・氏名・住所・電話番号を明記）でもご注文いただけます（代金引換宅急便）。商品到着時に定価＋手数料をお支払いください。
　〔直販係　電話03-3203-5121　Fax03-3207-0982〕
※青春出版社のホームページでも、オンラインで書籍をお買い求めいただけます。
　ぜひご利用ください。〔http://www.seishun.co.jp/〕